En terrain miné

Élisabeth de Fontenay
Alain Finkielkraut
de l'Académie française

En terrain miné

Stock

Ouvrage publié sous la direction de
François Azouvi

Correspondance échangée
entre septembre 2016 et juin 2017.

Couverture Atelier Didier Thimonier

ISBN 978-2-234-08342-4

À Béatrice Berlowitz
qui nous a sauvé la mise.

Cher Alain,

Nous avons donc décidé d'échanger des lettres plutôt que de nous entretenir de vive voix. L'utilisation de ce vieil outil littéraire me semble prudente et bénéfique, bien que je me demande si elle n'est pas une dérobade. Malgré mon goût de l'affrontement, je redoutais en effet ta présence et ce que le *tac au tac* implique de violence. Autrement dit, je craignais de me heurter en temps réel sur du non-négociable et de voir bientôt se lézarder une chère et ancienne amitié. Tu ne comprends pas cette crainte, je le sais, mais les choses sont bien plus compliquées que ce que laisse entendre cette entrée en matière. Car nous formons, toi et moi, une communauté qui nous est propre, mélange idiomatique de fidélité à l'appartenance juive et d'enchantement par le génie du christianisme, d'esprit laïc et républicain, mais aussi d'attachement douloureux et glorieux à la totalité de l'histoire de France, d'intolérance aux déracinements de toutes sortes imposés par la modernité techniciste et mondialiste et, en même temps, de résistance universaliste. Cette complicité, durant près de quarante ans, fait que je me sens plus ou moins embarquée, et d'une manière que je supporte mal, dans ce que j'appellerai pour le moment tes *écarts*, à savoir ce que je considère comme des positions parfois ultradroitières. Je n'hésite pas à t'avouer que ton rejet par la gauche de la gauche m'effraie, même si, pour ma part, je refuse désormais de me laisser surveiller et intimider par l'angélisme pervers des droits de l'homme et de l'antiracisme. Au fond, je me brouille continuellement et solitairement avec toi, et si j'ose enfin te le dire, c'est, crois-le bien, que j'espère par ces entretiens réveiller ce monde qui nous est commun, cette singulière première personne du pluriel qu'a pu dans ton œuvre construire ce que j'appellerai ta trilogie tragique : *Le Juif imaginaire*, *L'Avenir d'une négation* et *La Mémoire vaine*. Je voudrais qu'au terme de ce travail d'élucidation mutuelle nous ne soyons plus séparés que par des litiges négociables ; je souhaiterais que le spectre entre nous d'un différend irréversible se dissipe.

Voici la question que je me pose et que je te pose, en ce début de notre confrontation : comment se fait-il que notre amitié se soit obstinée malgré certains graves désaccords ? Une première évidence, conjoncturelle, me vient à l'esprit. Les attaques contre toi (maurrassisme, barrésisme, xénophobie) sont le plus souvent d'une telle déloyauté, elles témoignent d'une telle amnésie historique et d'une telle cécité politique que je me trouve mise en situation de faire corps, sinon avec certaines choses que tu as écrites ou dites et qui ont déclenché ces injures ignominieuses, mais avec l'expérience que, de longue date, je fais de toi. En outre, il faut que j'avoue cette faiblesse politique dont je pâtis : tu me fais rire avec tes mots d'esprit toujours dévastateurs, parfois scabreux mais jamais vulgaires. D'où me vient cette complicité avec des plaisanteries dont l'effet immédiat, et c'est le miracle du rire que cette immédiateté, est de désarmer mes efforts d'argumentation ? Elle témoigne sans doute d'une commune provenance à la fois ashkénaze, française, républicaine, lettrée et d'un goût pour le second degré réparateur. L'amitié ne peut durer sans cette communauté éphémère du rire.

Je ne crois pas qu'il faille dire, comme on pourrait en être tenté, que notre lien a été plus fort que les dissensions politiques, car je pense plutôt qu'il s'en est nourri. Le conflit entre la politique et l'amitié, au XXe siècle, a brisé bien des affinités électives et toi-même, tu as été marqué par ta rencontre avec l'Europe centrale à travers l'expérience et la pensée de Kundera, écrivain qui déplore qu'on puisse désaimer un ami, voire le trahir pour des motifs politiques. Il admire Mitterrand auquel ses fidélités ont fait courir des risques, il se plaît à regarder la photographie de Heidegger, philosophe compromis par le nazisme, marchant dans la campagne aux côtés du poète résistant René Char. Mais laissons ce *Denker* et ce *Dichter*, ce penseur et ce poète, à leur grandeur, car là ne réside pas du tout ce dont il s'agit entre nous. Notre amitié, en effet, avant de devoir surmonter l'épreuve de possibles ruptures, s'origine dans un noyau intime et politique, à savoir le soutien sans réserve à l'État juif et, en même temps, dans la critique sans concessions de la politique menée de longue date vis-à-vis de l'État palestinien. Elle s'ancre aussi dans la volonté de maintenir un lien fort entre les générations et de contraindre les contemporains qui nous font suite à recevoir ce dont ils héritent et aussi ce dont ils n'ont pas eu la chance d'hériter.

Maintenant, qu'est-ce qui nous oppose ? Ta complaisance dans une vision passéiste de l'état du monde que je tiens pour plus esthétisante qu'éthique ou politique ; dans ton pessimisme extrême quant à la modernité technicienne ; dans ton irritation vis-à-vis des nouvelles générations dont tu n'attends pas grand-chose ; dans ton désespoir de constater qu'elles sont et seront de plus en plus dépourvues d'humanité, c'est-à-dire selon toi de culture ; dans ton féminisme d'un autre temps, qui assimile les Lumières à la galanterie, même si je sais d'expérience combien les femmes qui collaborent à l'élaboration d'un monde commun comptent dans ta vie ; et surtout dans ton choix, bien que tu ne sois pas un homme politique, de l'éthique de responsabilité contre l'éthique de conviction, justifiant une certaine froideur quant au constat que l'Europe ne peut pas accueillir toute la misère du monde ; enfin, dans ton absence de tourment à propos de la notion d'identité...

J'ai sans doute trop chargé cette lettre qui contient en puissance une grande partie de ce dont nous aurons à débattre. Et j'ai pour le moment effacé, à l'intérieur même de ce réquisitoire, certains chefs d'accusation que je ne suis pas sans porter contre moi-même. À toi de relever, dans un premier temps, ce qui te semble abusif dans les critiques que je t'adresse.

Élisabeth

Chère Élisabeth,

Pourquoi le XXe siècle est-il jonché d'amitiés mortes ? Pourquoi tant d'exclusives, d'exclusions et de ruptures ? Parce que, sous l'effet du premier conflit mondial, la formule de Clausewitz a été renversée et la politique pratiquée comme la poursuite de la guerre par d'autres moyens. Témoin désabusé de ce grand saccage, Kundera en tire la leçon suivante : « L'opinion que nous défendons n'est que notre hypothèse préférée, nécessairement imparfaite, probablement transitoire, que seuls les très bornés peuvent faire passer pour une certitude ou une vérité. Contrairement à la puérile fidélité à une conviction, la fidélité à un ami est une vertu, peut-être la seule, la dernière. »

Lisant ces lignes et songeant aux maléfices d'un passé tout proche, j'ai envie de donner raison à

Kundera. Mais je n'y arrive pas, car *je n'ai pas d'opinions*, je suis affecté par les événements du monde et mes idées, quand il m'en vient, naissent sous l'effet d'un choc, d'une inquiétude ou d'un chagrin. Une amitié préservée de toutes ces émotions serait pour moi sans consistance. Et je ne saurais lui être fidèle : ce n'est pas dans une bulle qu'on peut cultiver un lien. Mais le lien n'abolit pas nécessairement la distance. Du moment que les mêmes choses le touchent, l'ami peut être aussi le grand contradicteur. Il ou elle surprend, interpelle, exaspère, désarçonne, et c'est tant mieux. La dispute doit être saisie alors comme la chance de devenir plus intelligent.

Et la dispute avec toi arrive tout de suite : en refusant la violence du tac au tac, tu ne t'es pas dérobée, tu as opté pour la franchise de l'écriture. Les impondérables de la conversation ne t'auraient peut-être pas permis de me dire aussi crûment que ce qui te brouille continuellement et solitairement avec moi, ce sont mes « positions ultradroitières ». Cette formulation, je l'avoue, me laisse songeur et je vais essayer de t'expliquer pourquoi.

Dans mes jeunes et belles années, je ne comprenais pas que l'on pût se dire de droite. La gauche, c'était pour moi les opprimés qui réclament justice. Il fallait donc être sans cœur pour choisir le camp des oppresseurs et avoir perdu la mémoire même de la morale pour assumer tranquillement ce choix. Canaille décomplexée, salaud et fier de l'être : tel m'apparaissait l'homme de droite. C'est fort de cette certitude qu'en mai 1968, j'ai rejoint le mouvement, et que, les années suivantes, je me suis lancé dans la surenchère. Car je ne voulais pas risquer de me retrouver à la droite de la gauche. N'être le salaud de personne : telle était mon obsession. La radicalité m'a offert cette position inexpugnable. Je jugeais les autres (particulièrement les autres gauchistes) et je me mettais moi-même à l'abri de tout regard de surplomb.

J'ai perdu ma superbe intellectuelle au contact des *Dichter und Denker* de l'autre Europe. Kundera, Milosz et Vassili Grossman ne m'ont pas seulement ouvert les yeux sur l'horreur totalitaire, ils m'ont révélé que ce qui y avait conduit, c'était précisément le partage du monde en deux subjectivités antagonistes sur lequel reposait mon engagement. Les artisans enthousiastes et les farouches partisans des diverses dékoulakisations ne voulaient pas le mal, ils aspiraient sincèrement à en finir avec la domination des méchants.

Inoubliable leçon : j'ai cessé depuis lors d'être robespierriste. Je ne conçois plus la politique comme le face-à-face de l'humanité et de ses ennemis. Guéri pour toujours de cette gigantomachie, j'ai fait mienne la réponse d'Albert Camus à tous ceux qui, de Sartre à Breton en passant par les communistes, dénonçaient la tiédeur de *L'Homme révolté* et fustigeaient ses thèses droitières : « On ne décide pas de la vérité d'une pensée selon qu'elle est à droite ou à gauche et moins encore selon ce que la droite et la gauche décident d'en faire. À ce compte, Descartes serait stalinien et Péguy bénirait M. Pinay. Si enfin la vérité me paraissait à droite, j'y serais. » J'y serais aussi. Et, ne voyant nul motif de scandale dans cette profession de foi, je le dirais sans honte. Mais y suis-je ? Pour peu que les mots aient encore un sens, ni mon attachement à la laïcité, ni ma défense acharnée de l'école républicaine, c'est-à-dire de « la splendide promesse faite au tiers état » ou, pour reprendre les termes du plan Langevin-Wallon : « la possibilité effective, pour les enfants français, de bénéficier de l'instruction et d'accéder à la culture la plus développée, afin que les fonctions les plus hautes soient réellement accessibles à tous ceux qui auront les capacités requises pour les exercer et que soit ainsi promue une élite véritable, non de naissance, et constamment renouvelée par les apports populaires » – non, décidément, rien de tout cela ne fait de moi un homme de droite, ni a fortiori d'ultra-droite.

Si la gauche de la gauche, dont les sentences te tourmentent tellement, me cloue aujourd'hui à ce pilori, si, non contente de me destituer, elle m'« ultracise », c'est, avant toute chose, pour mon refus d'imputer à l'oppression, à la ghettoïsation, à la stigmatisation, bref, à la droite dans ses œuvres, le rejet de ce que nous sommes – nous, Juifs, nous, Français, nous, Européens – par un nombre croissant de musulmans. Je suis accusé de légitimer l'injustice en jetant l'opprobre sur les déshérités. Mais pourra-t-on se cramponner longtemps encore à cette vision progressiste de l'histoire ? Pourra-t-on continuer à dire, malgré l'accumulation des démentis, que la question sociale est la mère de toutes les questions, et l'inégale répartition des richesses la cause unique du bruit et de la fureur qui emplissent la terre ? Notre civilisation découvre qu'elle n'est pas seule. La pensée et l'action politiques se doivent d'en tirer les conséquences, quitte, pour ce faire, à s'aventurer hors du Grand Paradigme qui gouverne nos vies depuis la Révolution française : l'opposition de la droite et de la gauche.

Un mot pour finir et pour te rassurer peut-être : j'ai plus de mal à me faire entendre des gens de mon âge que des nouvelles générations dont tu crois que je n'attends rien.

Alain

Cher Alain,

Finalement, je retire l'adjectif « ultradroitière » dont je me suis servie trop rapidement pour qualifier ta position. En fait, c'est seulement « ultra » que je voulais dire, en référence aux ultras du temps de Louis XVIII et de Charles X. Tu es ultra-républicain, ultra-technophobe, ultra-occidental. Pourquoi ne te laisses-tu pas séduire par Chateaubriand, qui, faisant partie des ultras, est parvenu à concilier sa fidélité envers la monarchie absolue avec l'ouverture à d'autres mondes et le courage du réalisme politique : nostalgique, sans doute, mais pas antimoderne ? Je regrette donc, non pas tant de t'avoir attaqué que de l'avoir fait sans nuances, car je pense que tu as en toi la capacité et la force de porter la complexité. En même temps, je m'en félicite, puisque, par ce cliché, j'ai suscité un rappel de ta jeunesse gauchiste.

Moi aussi j'ai participé activement à Mai 68, mais en ne dérogeant pas à ma fonction d'assistante à la Sorbonne, en accompagnant les initiatives de Jankélévitch et de notre collègue, Jacques Julliard, qui nous mettait en garde contre la radicalisation. Tu me connais assez pour savoir que je n'ai rien d'une robespierriste et que j'ai tenté de maintenir un engagement à gauche sur le mode du compromis. Cela peut m'être reproché, mais du moins n'ai-je jamais opéré de revirement spectaculaire. Cependant, obsédée comme je l'étais par le nazisme et le passé collaborationniste de notre pays, je n'ai pas pris conscience à temps – mais qu'est-ce que cela veut dire, « à temps », et, je te le demande, qu'est-ce au juste que l'« exactitude » ? – du caractère totalitaire et criminel du communisme soviétique, je l'ai dénié, j'ai refusé de lire Soljenitsyne. J'ai donc, en ce qui concerne cette question capitale du communisme, un grand retard sur toi et une réelle infériorité. De surcroît, pendant la guerre d'Algérie et, en réalité, durant toute la période du pouvoir communiste, je pensais qu'il valait mieux se tromper avec Sartre qu'avoir raison avec Aron ou même avec Camus. Mais cela ne revenait aucunement à ce que tu appelles un partage du monde entre deux subjectivités, car la subjectivité, même sous la forme de la fausse conscience, n'a rien à voir avec un tel conflit. Il s'agissait de deux camps antagonistes qui usaient à la fois d'arguments et d'intimidations.

Tu sais combien je suis liée de longue date par ces mots de Mandelstam, que tu cites : « la splendide promesse faite au tiers état ». Mais cette catégorie anachronique de tiers état qui surgissait soudainement et mystérieusement dans un poème demande à être entièrement reconsidérée en fonction des nouveaux publics scolaires et de l'hégémonie de la technique. Il n'y a pas plus attaché que moi à ce plan Langevin-Wallon qui, pendant la guerre et à la Libération, émana du Conseil national de la Résistance qui rassemblait gaullistes et communistes en vue d'élaborer les principes d'une toute nouvelle politique. Mais, pour hériter l'esprit de ce consensus héroïque, encore faut-il ne pas le révérer, à la manière dont certains d'entre nous vénèrent le XVIIIe siècle. Un avertissement de Michel Foucault commande mon rapport à la philosophie des Lumières : « Laissons à leur piété ceux qui veulent que l'on garde vivant et intact l'héritage de l'*Aufklärung*. Cette piété est bien sûr la plus touchante des trahisons. Ce ne sont pas les restes de l'*Aufklärung* qu'il s'agit de préserver, c'est la question même de cet événement et de son sens, c'est la question de l'historicité de la pensée de l'universel qu'il faut maintenir présente et garder à l'esprit comme ce qui doit être pensé. »

Est-ce vraiment à moi que tu t'adresses quand tu évoques la vision progressiste de l'histoire ? Tu me sais marquée par l'œuvre de Walter Benjamin, le moins binaire des penseurs : un critique révolutionnaire de la philosophie du progrès, indissociable selon lui d'une pensée de la catastrophe, un nostalgique du passé qui se tourne vers l'avenir, un mélancolique qui se veut matérialiste, un homme qui resta durablement écartelé entre ce que Derrida appelle une « messianité sans messianisme » et la figure pessimiste de l'*Ange de l'histoire* qu'il a forgée après avoir vu le tableau de Klee *Angelus novus.* Le visage de cet ange est tourné vers le passé – monceau de ruines sur lequel il voudrait bien s'attarder –, mais ses ailes largement ouvertes ne peuvent résister à la tempête du progrès qui l'entraîne irrésistiblement vers l'avenir.

Quand tu m'écris par ailleurs que notre civilisation découvre qu'elle n'est pas la seule dans le monde, je crains que ce début de relativisme ne s'accompagne aussitôt chez toi d'un jugement porté sur la valeur indubitablement supérieure de « nos valeurs », et cette absence d'interrogation quant à l'européocentrisme m'inquiète. Sache en tout cas que ma déception à l'égard de la gauche, si elle emprunte d'autres voies que la tienne, n'en est pas moins cuisante.

Élisabeth

Chère Élisabeth,

Quand j'évoquais la vision progressiste de l'histoire, je ne te visais pas, toi, mais Rousseau et sa bruyante descendance. Cette précision me permet de lever un malentendu. Le progressisme ne se confond nullement avec la foi naïve dans une amélioration continue de l'humanité. Le fondateur du progressisme est même le premier grand contempteur du progrès. Tandis que les philosophes des Lumières célèbrent, émerveillés, les avancées de la civilisation, Rousseau en dénonce sans relâche les vices et les turpitudes. Mais, à la différence des moralistes traditionnels, ces vices et ces turpitudes, il les situe dans l'histoire, non dans la nature : « Je hais la servitude comme la source de tous les maux du genre humain. » Innovation décisive. En faisant remonter la corruption à l'oppression, Rousseau ouvre à la politique un champ d'action illimité : l'homme devient son propre rédempteur, et la rédemption passe par le soulèvement de tous les opprimés. « L'histoire de toute société est l'histoire de la lutte des classes », disent, dans le sillage de Rousseau, Marx et Engels, et sans aucun égard pour la réalité concrète, Sartre plaque ce schéma sur la guerre d'Algérie. Ce qui le conduit à écrire dans la préface aux *Damnés de la Terre* de Frantz Fanon : « Abattre un Européen, c'est faire d'une pierre deux coups, supprimer, en même temps, un oppresseur et un opprimé : reste un homme mort et un homme libre. » Le journal du FLN a beau s'appeler *El Moudjahid* – le combattant de la foi –, ensorcelé par sa dialectique, Sartre reste totalement imperméable à la dimension religieuse de l'insurrection. Il n'y a pas de place dans sa représentation du combat anticolonial pour la volonté de libérer la terre d'islam de la présence des infidèles. Et, bien que l'islamisme joue aujourd'hui cartes sur table, les progressistes persistent dans l'aveuglement. Un aveuglement qui se prend pour un approfondissement : les continuateurs de Sartre, Marx et Rousseau remontent à l'origine de la violence et ce qu'ils voient en deçà de ce que tout le monde voit, c'est l'inégalité créée par le capitalisme mondialisé. La question culturelle est dissoute dans la question sociale, et la question sociale elle-même réduite aux rapports matériels.

L'islam a été, dès l'origine, une religion conquérante. Pour beaucoup de musulmans, elle ne l'est plus. Mais pas pour tous. Les tenants de l'islam politique pensent qu'après plusieurs siècles d'expansion européenne et d'hégémonie occidentale, l'heure est venue de la revanche et de la reconquête. Certains choisissent la voie du djihad. D'autres, plus patients, tablent sur la prédication et sur la démocratie. Malgré les efforts des progressistes pour nier cette vérité humiliante, l'Occident rencontre aujourd'hui les limites de sa capacité à ordonner philosophiquement le monde : un protagoniste imprévu a fait irruption sur la scène de l'histoire universelle. Il en perturbe le cours et notre civilisation découvre, en effet, qu'elle n'est pas seule. La question, dès lors, n'est pas de savoir si cette civilisation est supérieure aux autres, mais si nous y tenons assez pour en défendre et pour en transmettre l'héritage. C'est tout l'enjeu de l'enseignement. Comme le rappelle Mona Ozouf, Jules Ferry, le bâtisseur de l'école républicaine, était l'homme des attaches et des liens. Régnait chez lui « la conviction d'appartenir à plus ancien que soi ». À rebours de la chimère d'un homme nouveau, cet *héritier* voulait que les petits Français soient intégrés dans l'entier de leur histoire. C'est grandis de tout ce qui les avait précédés qu'ils pourraient, pensait-il, faire partie à leur tour de l'aventure collective. Mais entre Jules Ferry et nous, il y a Bourdieu, qui a frappé le mot d'héritier d'un discrédit sans retour. L'héritier, a-t-il montré dans un livre retentissant, c'est l'enfant de la bourgeoisie qui accède à la culture par droit de naissance et, a-t-il ajouté dans son livre suivant, *La Reproduction*, cette culture n'est considérée comme légitime que parce qu'elle est dominante. Prenant le sociologue au mot, l'Éducation nationale a décidé d'en finir avec ce double scandale. De moins en moins de culture générale, de plus en plus de présent informatique, écocitoyen et multiculturel : tel est l'objectif des réformes qui se succèdent à un rythme effréné. Il ne s'agit absolument pas d'adapter les promesses du plan Langevin-Wallon au nouveau public scolaire, il s'agit purement et simplement d'en délier l'école.

De mon temps, comme aiment à dire les vieux cons, l'école se donnait encore pour mandat d'*assimiler* les élèves, ces nouveaux venus sur la Terre, c'est-à-dire non pas de les jeter et de les fondre dans le même moule, mais, pour le dire en termes arendtiens, de les introduire, quelle que soit leur origine, dans un monde plus vieux qu'eux : le monde, en l'occurrence, de la civilisation française. Né de parents étrangers et, selon la classification de Bourdieu, « petit-bourgeois », je n'ai jamais eu le sentiment que mes condisciples issus de vieilles familles françaises commettaient un délit d'initié quand ils obtenaient de bonnes notes : ils ne suaient pas moins que moi sur leur Gaffiot en traduisant Cicéron et Virgile.

Le latin a échappé de peu à la disparition. Mais les jours de cette langue morte sont comptés et les classiques français eux-mêmes sont désormais dans le collimateur de l'anti-élitisme. Considérant l'inégalité comme le pire des maux, l'école dans laquelle j'ai eu la chance de ne pas grandir propose, afin de n'avantager personne, la *désassimilation* pour tous, au grand désespoir de beaucoup de professeurs, de droite comme de gauche. Ce choix est désastreux : on ne peut imaginer pire réponse au choc des cultures que la désassimilation. Il faut un héritage à partager pour que renaissent, dans un pays divisé, le désir de vivre ensemble et le sens de l'aventure collective. En est-il encore temps ou les jeux sont-ils faits ? Je ne saurais le dire. Je sais seulement qu'une France inhéritière n'a aucune chance de devenir une France réconciliée.

Alain

Cher Alain,

J'aurais tellement aimé que tu ne cites plus ces phrases qui portent comme des coups de couteau au *corps propre* de notre dialogue, dans la mesure où elles sont le plus souvent contextualisées violemment par *ton* texte et arrachées à *leur* contexte. Moi aussi, je cite, mais tellement moins souvent que toi, et en réponse, parfois, de la bergère au berger. Pour prendre un exemple, dans ta dernière lettre, l'outrance des propos de Sartre me paraît plus caricaturale que criminelle et, par ailleurs, je ne pense pas qu'usant de cette citation, tu puisses anachroniquement *nous* reprocher, sous prétexte du titre que portait le journal des combattants du FLN, *El Moudjahid*, de ne pas avoir vu la dimension religieuse que révélaient certains événements et qu'expose l'analyse récente de Jean Birnbaum. En dépit des déclarations islamistes et antisémites de Ben Bella, le combat de ces femmes et de ces hommes restait laïc, nationaliste, émancipatoire et il fallait, dans l'urgence politique et éthique, par souci de l'« exactitude », soutenir, contre la prétendue pacification de Guy Mollet et de Mitterrand, le droit de ce peuple à disposer de lui-même. Tu as eu bien de la chance de ne pas vivre cette dure période où les plus généreux et les plus intelligents d'entre *nous* se voyaient traiter d'anti-France. Tu es agacé, je n'en doute pas, de lire ces italiques qui semblent mettre en scène la première personne du pluriel. Mais la question *Qui, nous ?* me semble inévitable. Et ces entretiens dévoileront jusqu'à quel point toi et moi pouvons dire *nous,* et avec qui.

Par la critique radicale de Rousseau, tu te révèles un antimoderne, avec tout l'engagement métaphysique et le danger politique de pessimisme que cela comporte. Si on laisse tomber « les vices et les turpitudes », vocables surannés du Grand Siècle, et aujourd'hui carrément wahhabites, il reste que, dans le *Discours sur l'origine et le fondement de l'inégalité parmi les hommes,* Rousseau, contre la doctrine du péché originel qui aurait vicié la nature humaine, a inventé la liberté, l'historicité du devenir humain, il a placé dans l'histoire l'origine et la persévération de l'inégalité, et donc proposé l'hypothèse d'une responsabilité humaine dans le mauvais cours du monde. C'est à juste titre que des chrétiens augustiniens et jansénistes, le critiquant de confier aux hommes la construction d'une société moins injuste, l'ont traité de pélagien. L'hérésie pélagienne s'opposait aux écrits de saint Augustin sur la grâce et, niant l'existence du péché originel comme la nécessité de la grâce, elle enseignait que l'homme avait les moyens de chercher Dieu en lui-même et hors de lui-même sans intervention de l'Esprit-Saint et, par conséquent, que le salut ne résultait que des efforts humains.

De là à dire que, pour Rousseau, « l'homme est son propre rédempteur », c'est lui faire franchir un trop grand pas. Du reste, j'aime mieux pour ma part le mot de *rédemption* que ne craint pas d'employer Walter Benjamin, car je préfère espérer dans le gage d'*universalité concrète* de cette *abstraite* messianité sans messie dont je te parlais dans ma dernière lettre que dans un dieu mort sur la croix pour avoir pris sur lui nos péchés et nous avoir délivrés du mal. Libre à toi de cultiver des auteurs qui fondent leurs pensées sur la faute originelle et la grâce, mais peux-tu me citer un seul penseur qui fasse le poids contre Rousseau sans être en même temps son héritier ? Je laisse évidemment hors champ la littérature, qui a le pouvoir de nous laisser séduire et troubler par la hantise du péché et de la grâce, mais je ne peux pas croire, qu'évoquant les « moralistes traditionnels » tu te contentes de penser à quelqu'un comme La Rochefoucauld. Il me semble métaphysiquement et politiquement plus raisonnable d'être du parti rousseauiste et d'ouvrir à la politique le plus large champ d'action possible. Je pense au dialogue entre Helvétius et Diderot, le premier disant : « L'éducation fait tout », le second rectifiant : « L'éducation fait beaucoup »... C'est bien entendu du côté de Diderot que je me situe, du côté d'un pouvoir non tout-puissant de la pratique. Mais je crois, contrairement à toi, que Diderot l'optimiste et Rousseau le pessimiste ont eu ensemble une belle descendance, Hegel, Marx et Engels, à laquelle je continue d'appartenir dans la mesure de mes moyens.

Quant à la critique de ce que tu appelles la *désassimilation,* elle ne me paraît pertinente qu'à la condition ne pas prétendre faire retour à un projet d'*assimilation* qui a fait son temps et laissé place à une ambition d'*intégration* dont je refuse de désespérer même si elle déconcerte, parfois, sans pour autant le compromettre, le modèle républicain. En revanche, quand tu dis que « la question n'est pas de savoir si cette civilisation est supérieure aux autres, mais si nous y tenons assez pour en défendre et pour en transmettre l'héritage (...) pour que renaissent, dans un pays divisé, le désir de vivre ensemble et le sens de l'aventure collective », je suis d'accord avec toi, mais à la condition de ne pas négliger l'épreuve de l'étranger, les forces allogènes qui ont constitué cette civilisation et celles qui en elle poussent vers l'extérieur.

Élisabeth

Chère Élisabeth,

Je n'aurai certes pas l'outrecuidance ou la coquetterie de me dire inclassable, mais je ne récuse pas moins fermement l'étiquette d'antimoderne que celle de penseur droitier. Mon engagement métaphysique n'est pas du tout celui-là et je considère que le vrai danger politique consiste non à critiquer l'héritage rousseauiste, mais à vouloir faire de Rousseau le seul inventeur de notre modernité.

Avec le *Discours sur l'origine et les fondements de l'inégalité parmi les hommes*, il se produit, en effet, quelque chose d'inouï : l'intégralité du phénomène humain tombe dans l'escarcelle de l'histoire. Le vocabulaire reste inchangé, Rousseau fustige les mœurs de son temps avec des mots anciens (quelle mouche t'a donc piquée pour que tu les qualifies de wahhabites ?) et tout change cependant, car, alors que ceux qu'il appelle les « déclamateurs » ont seulement aperçu le mal, il se vante, lui, d'en avoir découvert les causes. Ces fautes, ces vices, ces dépravations, dit-il triomphalement, « n'appartiennent pas tant à l'homme qu'à l'homme mal gouverné ».

Comme le montre Ernst Cassirer, Rousseau place, avec cette inflexion capitale, la responsabilité là où personne ne l'avait située avant lui : non plus dans l'individu, mais dans la société ; non plus dans la nature, mais dans les institutions. Le problème moral devient un problème politique : ainsi naît la passion révolutionnaire. Et c'est dans les pays dévastés par cette passion qu'a été ranimée et pensée à nouveaux frais l'idée de péché originel. Une idée qu'on est spontanément tenté de regarder de haut car elle a toutes les apparences de l'obscurantisme le plus rétrograde. Comment un moderne, comment un homme qui se définit fièrement comme le sujet souverain de ses pensées et de ses actions pourrait-il admettre qu'une tare héréditaire a été transmise à tout le genre humain par son grand ancêtre ? Le philosophe polonais Leszek Kolakowski ne prend évidemment pas cette histoire à dormir debout pour argent comptant.

Il ne s'en moque plus cependant, il a cessé de la regarder de haut, car l'expérience du communisme lui a appris à y voir « la conscience de la faiblesse et de la caducité humaines ». Dire que la souillure du péché originel pèse irrémédiablement sur nous, ce n'est pas endosser la culpabilité d'Adam, ce n'est pas non plus se résigner à l'injustice, c'est être armé contre la tentation de régler la question du mal par l'élimination des injustes et par l'instauration d'un ordre définitivement égalitaire.

Cette tentation, un autre dissident, Soljenitsyne, la combat jusque chez ceux à qui il révèle l'horreur totalitaire. Je reste marqué à vie par la grande apostrophe de *L'Archipel du goulag* : « Que le lecteur referme ici ce livre s'il en attend une accusation politique. Ah, si les choses étaient si simples, s'il y avait quelque part des hommes à l'âme noire se livrant perfidement à de noires actions et s'il s'agissait seulement de les distinguer des autres et de les supprimer ! Mais la ligne de partage entre le bien et le mal passe entre le cœur de chaque homme. Et qui ira détruire un morceau de son propre cœur ?... » Je ne vois dans cet avertissement nulle nostalgie pour l'époque bénie où la religion structurait le monde et l'expérience humaine. Ni Soljenitsyne (dont je n'oublie pas qu'il lui arrive de trahir sa propre pensée en accusant les Juifs ou des juifs d'avoir introduit le mal communiste en Russie) ni a fortiori Kolakowski ne se posent, face au monde moderne, en partisans du retour à l'hétéronomie.

Il ne faut pas confondre *L'Archipel du goulag* avec *Les Soirées de Saint-Pétersbourg*. C'est Joseph de Maistre qui affirme que l'homme, en proie au péché, ne peut pas se gouverner lui-même, car « un être social et mauvais doit être sous le joug ». La dissidence, pour sa part, ne retient de la Chute que le thème de la finitude et elle a ceci d'éminemment moderne qu'elle ne cherche pas de remède à cette finitude dans l'infaillibilité de l'orthodoxie ou du dogme. Elle s'inscrit ainsi dans la lignée de Voltaire qui fonde la tolérance sur notre commune faillibilité : « Nous sommes pétris de faiblesses et d'erreurs, pardonnons-nous réciproquement nos sottises, c'est la première loi de la nature. » Et elle considère avec John Stuart Mill que « la liberté complète de contredire et de réfuter notre opinion » est pour celle-ci une aubaine : la seule façon qui lui soit donnée d'approcher la vérité.

Il y a donc bien deux tendances à l'œuvre dans les Temps modernes : le déni de la finitude qui se manifeste dans le projet d'aboutir, par la politique, par la technique ou par une combinaison des deux à la réalisation du Parfait ; le deuil de l'infaillibilité qui s'exprime dans ce proverbe yiddish cité par Milan Kundera : « L'homme pense, Dieu rit. » Le rire de Dieu remet à sa place l'homme adossé à la parole divine aussi bien que l'homme qui, grisé par sa mission rédemptrice, divinise sa propre parole.

Sartre, lancé tête baissée dans la bataille pour l'avènement du règne de l'Homme, n'a jamais entendu ce rire. Il était sourd car il était sûr de se retrouver, en chaque circonstance, du côté des opprimés et d'œuvrer ainsi à l'accomplissement de l'histoire. Si je cite la préface aux *Damnés de la Terre* écrite alors qu'il était au faîte de sa puissance et de sa gloire, ce n'est pas pour faire subrepticement le procès de l'anticolonialisme, c'est parce que la conception sartrienne de l'engagement a malheureusement occulté celle que proposait Paul-Louis Landsberg dans un article publié par la revue *Esprit* en 1937 : « une décision pour une cause imparfaite » – et que c'est encore ou de nouveau le cas. La dissidence est restée lettre morte, Sartre prévaut toujours sur Landsberg, le charme de la radicalité agit avec une puissance inentamée sur le parti intellectuel et le détourne de toute prise en compte de la finitude, comme s'il n'y avait pas eu de xxe siècle.

Alain

Cher Alain,

La « perfectibilité » ne s'identifie pas au « parfait » dont tu parles, elle est une sorte d'hypothèse. Rousseau, à travers les concepts d'une époque où se manifestait dans tous les domaines la volonté théorique de remplacer la nature par l'origine, donc par une genèse, fût-elle idéale, a risqué cette conjecture épistémologique d'un homme naturel, indéfiniment susceptible de perfectionnement. Mais cette conjecture, il ne faut pas lui faire violence en la substantifiant pour mieux la récuser. Elle aura eu pour seule fonction de nous empêcher de parler de la nature humaine en ces termes, fixistes, immuables dont Kierkegaard, Nietzsche et Heidegger nous détacheront par leurs pensées de l'existence.

Tu m'as souvent dit que tu admirais les « humanistes » du XVe et du XVIe siècle. Il se trouve qu'au XVe siècle un auteur féru de latin, de grec, d'hébreu, d'Aristote et de kabbale, Pic de la Mirandole, a écrit un *Discours sur la dignité de l'homme*. Tu connais ce fragment, traduit dans *L'Œuvre au noir* par Marguerite Yourcenar, qui fut bien loin de s'en servir pour déconsidérer les animaux. « Je ne t'ai donné ni visage, ni place qui te soit propre, ni aucun don qui te soit particulier, ô Adam, afin que ton visage, ta place et tes dons, tu les veuilles, les conquières et les possèdes par toi-même. Nature enferme d'autres espèces en des lois par moi établies. Mais toi, que ne limite aucune borne, par ton propre arbitre, entre les mains duquel je t'ai placé, tu te définis toi-même. Je t'ai placé au milieu du monde, afin que tu pusses mieux contempler ce que contient le monde. Je ne t'ai fait ni céleste ni terrestre, mortel ou immortel, afin que de toi-même, librement, à la façon d'un bon peintre ou d'un sculpteur habile, tu achèves ta propre forme. »

Que penses-tu de la date de cette action de grâces, 1486 ? Ne signe-t-elle pas le commencement ou le recommencement de cet humanisme conquérant que tu mets en cause ? Quand tu évoques les deux tendances à l'œuvre dans les Temps modernes, le déni de la finitude et le deuil de l'infaillibilité, je suis d'accord avec toi, je vois même dans ce déni et dans ce deuil deux traits dont je crois qu'ils pourraient constituer une pensée à vif des ambiguïtés de la modernité. La difficulté pour moi, c'est que ta conscience de l'irréversibilité du temps fait de toi, encore que tu t'en défendes, un décliniste désespéré, mais en aucun cas un réactionnaire, car tu ne prétends pas revenir à une époque révolue. En même temps, constatant que certaines institutions qui te tiennent à cœur, l'école, par exemple, fonctionnaient mieux dans le passé, tu réagis en pessimiste devant cette catastrophe du temps présent dont les optimistes pensent qu'elle est une mutation positive. C'est pourquoi le meilleur moyen d'éclairer ce paradoxe, c'est de te demander ce que tu entends par les Temps modernes, et quel est ton rapport aux Lumières.

Tu n'ignores pas que je me veux proche d'Adorno et de Horkheimer, ces philosophes juifs allemands qui, émigrés aux États-Unis après avoir fui le IIIe Reich, se sont trouvés en situation de méditer sur « l'aspect destructif du progrès ». Le détournement qu'ils ont analysé et désigné comme « dialectique des Lumières » et qu'ils font remonter jusqu'à l'Antiquité grecque, aura consisté à instrumentaliser la raison, à en faire un moyen impassible d'exploitation dont la finalité ne fut jamais la connaissance ou le bonheur, mais une domination qui se retourne contre les vivants. Les hommes, disent-ils, paient leur pouvoir en devenant de plus en plus étrangers à ce sur quoi ils l'exercent, à savoir la nature dans l'homme et hors de l'homme. Grâce à ces philosophes de l'École de Francfort, on ne se trouve plus soumis à la radoteuse destitution mutuelle des Modernes et des anti-Modernes, des Lumières et des anti-Lumières, puisque leur démystification du progrès s'articule autour d'une analyse sociologique sans concession et aboutit à ce que je nommerai un pessimisme émancipateur. Tu aurais pu retrouver cet état d'esprit si tu avais consenti à réfléchir au lien qu'ils établissent entre leur déconstruction du mauvais infini qui caractérise la marche du progrès et leur critique sociale. Ce à quoi tu te refuses, te contentant de la certitude heideggérienne que seuls la technoscience et l'oubli de l'être sont à l'œuvre dans l'histoire.

Par ailleurs, l'accent que tu mets sur le thème du mal me gêne profondément. Bien sûr, cette question obsède chacun de nous, mais je crois qu'en dernière analyse, il n'y a rien à en dire et à en penser parce qu'elle reste un mystère et que l'insistance d'un mal radical ne se laisse pas réduire à l'injustice ou à l'inégalité. Bien que m'efforçant d'être matérialiste et athée, j'assume l'usage de ce mot de mystère dans la mesure où, dépourvue de croyance en Dieu, je ne m'accorde pas le droit de désigner le diable et d'évoquer sa présence dans l'histoire. Ce qui me dérange, en réalité, ce n'est pas que tu maintiennes le constat d'un mal inintelligible et irrémissible, mais que tu sacrifies l'espérance, trop vite identifiée au totalitarisme. Ce n'est pas parce que Hans Jonas oppose son principe responsabilité au principe espérance d'Ernst Bloch qu'on doit pour autant se refuser à l'idée d'une espérance non religieuse, à cette poussière de diamant qui grippe les systèmes, et qu'il faudrait se méfier de ce « non encore accompli » qu'à différents titres ont réclamé des penseurs qui ne se contentaient pas d'interpréter le monde comme il va.

Au fond, ce qui me tourmente le plus dans ta dernière lettre, c'est le rapport que tu établis sans l'avouer entre la métaphysique et la politique : tu en viens à déduire de ta métaphysique de la finitude une politique faible, sans initiative, privée du pouvoir de commencer ou de recommencer. Or je pense qu'aujourd'hui, on ne saurait enchaîner ainsi la pensée à la pratique, déduire l'une de l'autre, qu'il faut prendre acte d'un écart insurmontable et consentir à devoir effectuer un saut. De la pensée de la finitude à la mise en cause des politiques de progrès, la conséquence n'est pas bonne.

Élisabeth

Chère Élisabeth,

Dans le merveilleux récit de la Genèse imaginé par Pic de la Mirandole, Dieu est, tel l'Épiméthée du *Protagoras*, un grand étourdi. Après avoir créé l'univers, « orné la région supra-céleste, animé d'âmes éternelles les globes dans l'éther et garni d'une foule d'animaux le monde inférieur », il éprouva le désir qu'il y eût quelqu'un pour admirer son œuvre. Il songea donc à créer l'homme. Mais il s'aperçut alors qu'il n'avait plus rien en magasin. Plus d'archétype pour forger une nouvelle lignée, plus de trésor dont il pût la doter, plus de lieu où l'héberger. Il avait imprudemment vidé ses armoires et ses éventaires. Qu'à cela ne tienne ! Faute de pouvoir attribuer une essence au dernier arrivant, il lui offrit la liberté. Tous les autres êtres sont ce qu'ils sont, l'homme est une « œuvre à l'image indistincte ». Aucun concept ne le définit : « Je ne t'ai donné ni place déterminée, ni visage propre, ni don particulier, ô Adam, afin que ta place, ton visage et tes dons, tu les veuilles, les conquières, et les possèdes par toi-même. La nature enferme d'autres espèces en des lois par moi établies, mais toi que ne limite aucune borne, par ton propre arbitre entre les mains duquel je t'ai placé, tu te définis toi-même. » Sartre n'a pu dire : « l'existentialisme est un humanisme », que parce que l'humanisme inaugural était déjà un existentialisme.

Mais le premier mot des Temps modernes n'en est pas le dernier. Sous le coup de cette nouvelle révélation, l'homme ne se délivra pas seulement de ses entraves religieuses et temporelles, il revendiqua les attributs divins de l'omniscience et de l'omnipotence. L'autonomie ne lui suffisait pas, il prétendit régner, il voulut s'installer sur le trône suprême en devenant maître et possesseur de la nature. Il proclama la mort de Dieu pour renaître en lui. Cette confusion ou cette dualité de la liberté et de la maîtrise apparaît à certains comme le vice fatal du projet moderne. Je ne serais pas aussi catégorique. Si la raison est devenue opérationnelle, si elle a été réduite, comme l'écrit Horkheimer, à un simple instrument, c'est pour rendre moins pénible la vie des mortels que nous sommes. La maîtrise, autrement dit, n'est pas à elle-même son propre but. *Scientia propter potentiam*, sans doute, mais *potentia propter bonum generis humani.* Je ne relis jamais sans émotion le récit de la rencontre entre Descartes et le cardinal de Bérulle : « Il lui fit entrevoir les suites que ces pensées pourraient avoir, si elles étaient bien conduites, et l'utilité que le public en retirerait, si l'on appliquait sa manière de philosopher à la médecine et à la mécanique, dont l'une produirait le rétablissement et la conservation de la santé, l'autre la diminution et le soulagement des travaux des hommes. »

À ceux qui se désolent du tournant cartésien pris par l'humanité occidentale, à ceux qui incriminent unilatéralement le nouveau rapport à la réalité instauré par le *Discours de la méthode*, j'ai toujours envie de demander de fermer les yeux et d'imaginer un monde sans anesthésie et sans antibiotiques. Comme l'écrit très justement George Steiner, les technologies du réparable et du recyclable sont « une riposte aux dévastations de l'inhumain ».

Mais, tu le sais et tu le dis mieux que personne, Élisabeth, nous sommes sortis du cadre du réparable. Et l'architecte souverain doit se mordre les doigts. Une fois achevée l'immense demeure, il a cru trouver en Adam un sujet capable d'émerveillement et de reconnaissance. Pari perdu : la postérité du premier homme n'a pas de temps à perdre en vaines louanges. Elle n'admire plus le monde, elle le remplace. Elle ne rend pas grâce pour ce qui est, elle congédie l'être et vit au milieu de ses artefacts. Le mot de décadence ne convient pas à ce grand remodelage. Nous ne voyons pas les choses décliner, nous les voyons disparaître. L'élevage fermier est peu à peu abandonné au profit des productions animales. Et l'ingénierie génétique donnera bientôt aux parents la possibilité de décider à l'avance des caractéristiques de leur enfant. Pour le dire en termes heideggériens, « tout se présente selon la possibilité du faire et de l'être-fait ». Mais programmer sa descendance, c'est la dépouiller de son pouvoir de commencer, et attenter ainsi à la liberté conférée à l'homme par le Dieu de Pic de la Mirandole. Pour forger sa lignée, la science fournit à Adam les archétypes qui manquaient au parfait artisan pour forger Adam.

Liberté et non nature : tel est, pour nous autres modernes, le signe distinctif de l'homme, telle est sa dignité. Et voici que cette dignité, l'homme lui-même la met à mal en supprimant la frontière entre ce qui croît naturellement et ce qui est fabriqué. Les fondations biologiques de son existence ne doivent pas être entièrement à disposition s'il veut préserver ses chances d'être libre. D'où ta supplique : « Que du donné demeure ! » Cette supplique, je la reprends à mon compte. Cette impérative anxiété, je la fais mienne, en disant que l'éthique et la politique du perfectionnement indéfini doivent aujourd'hui céder la place à une éthique et à une politique de la préservation, du ménagement, de la sauvegarde. Une telle conversion à la gratitude relève peut-être de l'utopie. Elle ne saurait, en tout cas, être qualifiée de faible. La faiblesse consiste bien plutôt à laisser l'histoire suivre son cours et à peindre imperturbablement ce processus aux couleurs du progrès.

Alain

Cher Alain,

Ne te méprends pas sur ce que je t'ai écrit dans ma dernière lettre. J'ai beaucoup aimé ton livre *L'Ingratitude,* dans lequel tu avoues ta désolation de vivre en un temps où l'on ne croit plus avoir de dette à honorer et où l'horizontalité sinistre d'une équivalence générale risque de faire disparaître tout événement de transcendance, que son surgissement appartienne au passé ou au présent. Je me sens donc proche de toi quand tu fais l'éloge de la gratitude envers ces passeurs qui ont été les témoins du monde d'hier et les avant-coureurs d'un monde qui venait, vis-à-vis de ces traces vives du passé et d'aujourd'hui sans lesquelles nous nous retrouverions errants et absents à notre propre présent.

Lorsqu'au titre de la reconnaissance envers ce qui est, tu t'élèves contre les politiques de perfectionnement indéfini, c'est sans doute à bon droit que tu nous rappelles à quelque chose qui n'a rien à voir avec la théorie : à ce qui s'appelle penser ou se souvenir. Pourtant, quand, en suivant Heidegger, qui sur ce point a marqué l'orientation d'Hannah Arendt, tu fais comme si tu assimilais *denken* et *danken*, penser et remercier, te rends-tu compte de la rupture qu'opère cette expérience avec l'humanisme occidental qui a conféré à la théorie le pouvoir de transformer l'état de choses existant, de dire non à ce qui est tel qu'il est ? Réalises-tu qu'en cette affaire, au bout du compte, c'est de la justice qu'il est question ?

Parfois, je me demande si, face à ta passion de la sauvegarde, je trouverai le crédit et la force de te dissuader de tirer, littéralement parlant, sur tout ce qui bouge. Si je n'y parvenais pas, je tiendrais ce livre pour un grave échec, car il achèverait de te figer dans une fixité (la nature, la France, la technique, la femme, la culture) qui entrave mon dialogue avec toi, puisque tu tiens cette fixité pour la « seule exactitude ». Quand je me mets à résister à tes prises de position, je réalise que mes convictions vertueuses risquent de faire de moi une belle âme, ce qui ne suffit aucunement à m'exonérer de la complicité première qui m'aura poussée à accepter de faire un livre avec toi, à le vouloir même.

J'aurais aimé que, dans notre dispute, puissent avoir lieu des paroles qui fassent événement, qui aient pouvoir de changer notre donne. De tels événements ont déjà eu lieu, en ce qui me concerne, du fait de nos quarante années d'amitié orageuses et complices, qui m'ont aidée à donner droit – mais pas libre cours ! – à des fidélités que la gauche tient pour des bouffées réactionnaires. C'est pourquoi je te supplie de ne pas me placer dans la situation des confidentes de la tragédie classique, de ces femmes indulgentes, épouvantées devant les drames qui s'annoncent mais impuissantes à empêcher, par leurs conseils et par leur amour, que le destin fatal de leurs maîtresses ne s'accomplisse. Tu vas me demander quel est ton destin fatal. Je te répondrai : non la haine que te vouent ceux dont l'opinion, au demeurant, ne m'intéresse pas, mais la méfiance grandissante de ceux qui se sentent ou se sentaient jusqu'à un certain point proches de toi. Ton destin fatal, Alain, il se nomme Renaud Camus, en tant que celui-ci est aujourd'hui le symbole et la réalité de ce dont, en mon nom propre et au nom de mes amis, je te fais reproche avec la plus grande véhémence.

Élisabeth

Chère Élisabeth,

Si je tirais sur tout ce qui bouge, tu aurais raison de vouloir m'en dissuader, et il me semble que je serais assez avisé pour suivre ton conseil. Mais je n'ai rien d'un tireur compulsif. Et lorsqu'il m'arrive de perdre mon sang-froid, c'est parce que je suis la cible favorite de ceux qui n'ont que le mot « changement » à la bouche et pour qui rien ne bouge. Ces bovarystes politiques se conçoivent, eux et l'époque, autres qu'ils ne sont : aujourd'hui leur apparaît comme la réédition d'hier, avec dans le rôle du Juif le musulman, et moi dans celui de Charles Maurras. Face à leurs analogies et à leurs invectives, l'exactitude dont je me réclame, ce n'est évidemment pas la vérité de ma pensée sur la technique, la femme, la France, la nature ou que sais-je encore, c'est l'effort pour penser le présent comme ce qui ne s'est jamais présenté jusque-là.

Le ventre est encore fécond, peut-être, mais l'histoire en cours ne se réduit pas à ses enfantements. « "Où suis-je et quelle heure est-il ?" Telle est, de nous au monde, la question inépuisable », écrit Claudel dans son *Art poétique*. À cette question j'essaie de répondre sans faux-fuyant ni provocation. Ce n'est pas ma faute si les rêveurs féroces qu'on appelle vigilants se sentent outragés par chaque démenti que le réel oppose à leur grand songe antifasciste.

Il est vrai qu'en dépit de graves divergences que j'ai exprimées publiquement je n'ai pas lâché Renaud Camus. Je le lis, je pense avec et contre lui, j'ai même le front de le citer : tout cela embarrasse certains de tes amis et même, si j'en crois ta lettre, les met en rage. Furieuse contre moi et, à la fois, soucieuse pour moi, tu m'adjures, sur un ton moins suppliant que comminatoire, de me détourner de l'Infréquentable, avant qu'il ne soit trop tard et que ne s'accomplisse mon destin fatal. Qu'ai-je à faire, en effet, avec un auteur condamné pour antisémitisme et racisme par ceux que tu considères comme les tiens ? Ta sollicitude me touche, mais pour qu'elle me trouble, il faudrait que toi et les tiens vous ayez le scrupule de juger sur pièces. Après tout, ce scrupule, c'est la définition même de l'intellectuel depuis un certain procès qui, à la fin du XIXe siècle, a divisé la France et passionné l'Europe.

Il n'y a pas d'accusation plus grave que celle dont Renaud Camus doit répondre. Raison de plus pour être méthodique, pour être minutieux, pour ne pas prêter foi, sans vérification, aux emportements de la rumeur. Mais non, l'affaire est entendue, l'antifascisme se pourlèche : voici la Bête immonde. On dresse autour d'Elle et de ses travaux un cordon sanitaire pour prévenir toute contamination. Et quand, non content de braver l'interdit, j'ose soutenir que Renaud Camus est un grand écrivain, ta colère de non-lectrice monte d'un cran car tu n'as jamais voulu accorder l'excuse du style à Brasillach, à Jouhandeau, à Morand ou à Chardonne. Moi non plus, figure-toi. Et si je déplore ton refus obstiné de te plonger dans *Du sens*, *Décivilisation*, *Les Inhéritiers*, ou *Éloge du paraître*, ce n'est pas parce que l'auteur de ces livres fait de jolies phrases, c'est parce qu'il met des mots sur nos maux, au moment où les sciences sociales préemptent toute enquête de terrain par une critique de la domination dont les résultats sont connus d'avance et où la majorité des littérateurs pensent avec Édouard Louis que « si on n'écrit pas pour lutter contre le racisme, ça ne sert à rien d'écrire ».

Rien de fixiste chez Renaud Camus. Nul essentialisme. Regardant la réalité en face, il voit les paysages disparaître, l'école mourir, et, comme il sait que les hommes ne sont pas interchangeables, il prend très au sérieux la révolution démographique que connaît l'Europe depuis quelques décennies. À la question : « L'Europe peut-elle rester la même si sa population change ? » il répond par la négative, comme l'essayiste américain Christopher Caldwell, et il observe, avec une stupeur désolée, les conséquences de ce bouleversement. Il rend compte de cette expérience inédite et vertigineuse : être français et vivre à Saint-Denis, à Sevran, à La Courneuve, à Lunel, à Tourcoing, ou même dans certains quartiers de Paris, comme en terre étrangère. Mais – et c'est là que le bât blesse – il ne s'en tient pas à la description mélancolique de la transformation en cours. La mélancolie lui apparaît comme une forme de consentement. Et il ne veut pas consentir, il veut agir. Il ne veut pas seulement témoigner de la catastrophe, il croit devoir contribuer à l'empêcher. Il ne veut pas prendre acte de l'irrémédiable, il veut, à toute force et à n'importe quel prix, *remédier*. Plutôt que d'être l'homme des chants désespérés, il s'engage en politique, il préside un parti, il sacrifie la nuance à l'urgence, il imagine des solutions radicales et, invoquant l'exemple du général de Gaulle qui, à Londres, n'était pas trop regardant sur le parcours de ceux qui choisissaient de le rejoindre, il succombe lui aussi au démon de l'analogie. Occupation, Collaboration, Résistance : c'est avec ces catégories qu'il appréhende la situation actuelle. L'antiracisme et la lutte contre les discriminations dissimulent de plus en plus souvent, c'est vrai, la capitulation pure et simple devant les exigences des islamistes. Mais si l'on veut éviter de verser dans l'inhumain et d'amoindrir encore les chances déjà faibles d'une réaction civilisée à ce qui nous arrive, il faut se garder comme de la peste de toute comparaison avec les années noires et s'efforcer de penser le présent dans ses propres termes. L'exactitude, encore et toujours.

Cette critique ne suffira sans doute pas à mes juges. Ils la trouveront trop timide. Mais peu m'importe, en vérité, car j'ai le sentiment qu'ils fuient les problèmes que traite Renaud Camus dans le problème qu'il pose et qu'ils l'enterrent vivant pour préserver, en continuant à faire comme si de rien n'était, leur confort moral et intellectuel. Le fatal, pour moi, ce n'est pas le destin qu'ils me réservent, ce serait, en battant ma coulpe, de reconnaître la compétence de leur tribunal.

Alain

Cher Alain,

Je te suis reconnaissante de répéter, de manière intempestive, du point de vue d'un discours dominant à gauche, que nous ne vivons pas dans le fascisme des années 30, car une telle analogie, à la fois bancale et indécente, renseigne sur la méconnaissance de ce à quoi aura abouti l'idéologie de ces années-là. Aussi révoltants que se révèlent les propos de ceux qui parlent de mettre fin à l'immigration massive et de renvoyer les sans-papiers, ils ne réclament en effet que l'expulsion et non quelque solution finale comparable à celle dont tant de Français se sont accommodés pendant la collaboration.

Je partage aussi ta colère vis-à-vis de ceux qui te comparent à Maurras, qui jouent à se faire peur en se dressant avec un sang-froid anachronique devant le spectre du fascisme des années 30, en alléguant que musulmans, migrants et sans-papiers d'aujourd'hui sont dans la même situation que les juifs d'hier, ce qui est historiquement faux même si nous ne pouvons que faire nôtre la détresse humaine de ces non-Européens et dénoncer l'impuissance politique que nous leur opposons. Tu sais que je n'ai jamais fait partie des « Vigilants » et que j'ai toujours trouvé dérisoire l'excitation sur le « *No passaran* » ou le « Plus jamais ça », mais cela ne veut pas dire que je méconnaisse le danger des tendances xénophobes et populistes qui minent les sociétés occidentales.

Quant à Renaud Camus, il n'occupe notre débat, comprends-le bien, qu'à cause de l'énigme que représente pour moi ta relation avec lui. Permets-moi de te rappeler le très mauvais début de cette histoire qui a commencé par la divulgation d'une page de son *Journal*, dans laquelle il déplorait qu'il y eût trop de juifs à France Culture. Par-dessus le marché, on pouvait lire dans ce même *Journal* que, tout en reconnaissant l'intelligence et le talent des intellectuels juifs, il notait qu'il leur manquait tout de même quinze siècles de francité pour accéder à l'idiosyncrasie des auteurs dont ils traitaient. Ma réaction, tu le sais, a été de ne pas crier à l'antisémitisme et surtout de refuser de m'associer à sa mise à mort sociale, réclamée dans un texte publié par mes amis politiques. En revanche, ce qui m'a vraiment fait mal, c'est que tu ne te sentes aucunement offensé, premièrement en tant que juif de France Culture et deuxièmement en tant qu'auteur d'un livre sur Péguy. Je ne comprends pas comment tu as pu accepter sans broncher ces pages dans lesquelles, tout compte fait, il destitue le rapport des juifs à notre langue et à la secrète épaisseur littéraire que lui donne son histoire, au titre d'un impondérable, d'une ineffable âme du peuple à laquelle les Français d'origine étrangère n'auraient pas pleinement part. Comme si l'école de la République, Alain, tu es le premier à le savoir et à le rappeler, ne t'avait pas *tout* donné de l'héritage, en infusant en toi ses signes, ses symboles et ses codes.

Tu oublies donc ou feins d'oublier que ces propos, d'autant plus désastreux pour moi que j'ai refusé de m'associer aux lyncheurs, m'ont détournée de lire Renaud Camus. Même si, comme tu le dis, il a tenté par la suite de rendre compte de ses jugements, je n'avais d'autre choix que celui de me désintéresser de ses écrits, car je ne voyais pas comment il pouvait, en apportant des rectifications ou des nuances, faire oublier ses affirmations. Tu me reproches un manque de scrupule, tu m'en veux de ne pas juger sur pièces, de ne pas avoir lu ses œuvres et, à ce titre, tu dénies mon droit de le condamner politiquement sans avoir pris connaissance de ses écrits. Laisse-moi rappeler que tu t'étais indigné, dans *Le Monde* du 2 juin 1995, de ce que le jury du Festival de Cannes ait décerné la Palme d'or au réalisateur serbe et proserbe Emir Kusturica pour son film *Underground*. Une polémique violente s'était ensuivie, on critiquait l'adversaire des Serbes et le partisan des Croates que tu étais d'avoir pris feu et flamme contre un film que tu n'avais pas vu. J'avais alors compris ta réaction, même si elle pouvait choquer, car je revendique, pour tous ceux que lie la « solidarité des ébranlés », ceux que les événements de l'histoire ont particulièrement rendus partie prenante du débat éthique et politique, le droit, sans aller vérifier sur pièces, de se prononcer à propos d'une œuvre ou d'un auteur quand, loin de tomber du ciel, ils nous parviennent lourds de connotations négatives. Or, quand tu me dis que je n'ai pas le droit, n'ayant pas lu ses livres, de mettre en cause les engagements de Renaud Camus, tu me mets en quelque sorte dans le cas de figure qui était le tien à cette époque.

J'ajouterai que, malgré mon ignorance de ses écrits, j'ai eu tout de même accès à des fragments de sa pensée grâce aux émissions de *Répliques* auxquelles tu l'as invité et que je puis donc juger, sinon sur pièces, du moins sur sa parole et surtout, hélas ! sur son ton, sur sa détestation pseudo-aristocratique de ceux qu'il appelle les petits-bourgeois et sur cet insupportable mépris de classe qui corrompt sa défense de la langue. Même si, dans ses livres, il s'est expliqué sur ses allégations scabreuses, il n'en a pas moins distribué, par la voie d'Internet, des formules, des déclarations et des concepts de mauvais aloi, qui sont régulièrement cités dans les journaux et qui m'ont de plus en plus antagonisée. Jusqu'au jour, et ça n'a pas vraiment éclaté comme un coup de théâtre, où il a appelé à voter pour le Front national.

L'explication que tu donnes à ce geste, à savoir qu'il ne voulait pas s'en tenir au ressassement mélancolique mais souhaitait « remédier », n'arrange rien, elle aggrave son cas. Le fait que sa pensée du temps présent le conduise à un choix aussi désastreux mérite qu'on s'y arrête plus longtemps que tu ne le fais. Renaud Camus, à t'entendre, voit le vrai, dit le vrai et, passant à l'acte, s'en remet au Front national. Crois-tu vraiment qu'un tel engagement relève d'un simple mauvais choix et qu'il n'a pas toujours déjà affecté son regard sur la société ? Ce que je lui reproche, c'est son insensibilité historique et politique. Après tout, cette insensibilité qui lui a permis d'écrire si légèrement sur les juifs de France Culture, c'est elle que je retrouve à l'œuvre dans ses propos d'aujourd'hui. Car, quelle que soit l'actuelle situation européenne et française, réalité déniée par la plus grande partie de la gauche avec une dangereuse irresponsabilité, il n'est pas acceptable de l'aborder en faisant fi de la mémoire et de la *common decency* dont toi-même t'es réclamé dans une correspondance avec lui, publiée par *Causeur* et restée hélas ! confidentielle.

Je voudrais juste citer cette réponse au sujet des migrants que tu avais faite à ton ami. Tu lui demandais : « Ne peut-on penser à la fois leur déréliction et la nôtre ? » et tu lui écrivais : « À nous de ne pas céder à la tentation de considérer tous ceux que nous refoulons comme des envahisseurs (...) Il serait suicidaire de vouloir accueillir toute la misère du monde ; mais avons-nous besoin d'en nier la réalité pour nous donner du courage ? » Je regrette que de telles paroles venant de toi aient été seulement accessibles à des lecteurs qui te suivent de très près, et non à un plus large public, comme ç'aurait pu être le cas si, au moment où il a appelé à voter pour l'extrême droite, tu avais fait paraître une lettre ouverte qui aurait réconforté ceux qui souhaitent ne pas s'éloigner irréversiblement de toi. Une telle attente ne fait pas pour autant de moi un membre du tribunal que tu évoques et qui exigerait que tu viennes à résipiscence. J'ai simplement espéré que ta confiance en lui serait un peu ébranlée. Je suppose qu'il n'en est rien puisque Renaud Camus, comme tu l'as écrit, habite toujours ton for intérieur.

L'incongruité analogique de la comparaison avec de Gaulle qu'il s'autorise et que tu relèves me semble en effet particulièrement perverse. Elle a partie liée avec l'idée, historiquement et éthiquement insoutenable, tu en es d'accord, selon laquelle l'occupation nazie du territoire national permettrait de comprendre ce qu'il appelle le « grand remplacement », ou la « décivilisation ». Certes, de Gaulle, exilé à Londres et dans la grandeur de son commencement, de son *auctoritas*, n'était pas « regardant » quant à l'appartenance politique de ceux qui le rejoignaient à Londres. Mais la situation d'aujourd'hui n'a rien à voir avec l'immense épreuve d'alors, la France n'est pas « occupée », nous butons sur des problèmes récurrents, douloureux et peut-être insolubles de géopolitique, liés à l'immigration et à l'intégration de populations dont la culture, le culte, l'habitus peuvent mettre au défi les principes républicains. Il me semble aberrant et irresponsable d'identifier la présence des musulmans en France à l'invasion du territoire national par une puissance ennemie. Ces propos d'extrême droite constituent tout sauf une analyse pouvant conduire à une politique à la fois démocratique et efficace.

Ton expression : « Il n'était pas regardant » me retient encore. Car là se trouve le foyer de ce conflit entre nous, qui comprend mais déborde largement Renaud Camus. Tu acceptes toutes les alliances quand il s'agit de défendre tes idées et de vérifier le bien-fondé de tes thèses. Moi, je me méfie, je demande toujours qui signe avant de donner mon nom. Il se peut, tout en reconnaissant à quel point une telle attitude a pu être meurtrière, que je continue, en un sens, à suivre un vieux réflexe qui consiste à préférer me tromper avec Sartre plutôt qu'avoir raison avec Aron. En tout cas, ce n'est pas parce que je ne supporte plus le positionnement de l'extrême gauche que j'excuse la violence antidémocratique et raciste des divers fourriers de l'extrême droite. Je ne nomme personne, mais tu identifieras sans peine les quelques libellistes sulfureux dont, à tort et de manière scandaleuse, je veux bien le croire, les noms sont associés au tien.

Pour finir, je te dirai qu'il y a des moments de la vie, et surtout à un certain âge, où l'on a tracé ses chemins de pensée, où l'on se représente avec sagesse les rencontres qu'on peut ou qu'on ne peut plus faire. Je ne crois pas qu'il s'agisse là d'un repliement sur soi, mais plutôt d'un approfondissement des affinités. Aurait-il fallu, aurait-il vraiment suffi que je lise Renaud Camus dans le texte pour mieux vous comprendre, lui et toi ?

Élisabeth

Chère Élisabeth,

Tu n'as pas lu les quelques lignes de Renaud Camus qui t'ont, une fois pour toutes, détournée de le lire. Nulle part il ne s'est plaint qu'il y ait trop de juifs à France Culture. Dans *Campagne de France*, le volume du *Journal* qui a mis le feu aux poudres, il a parlé d'une émission : *Panorama*, où, observait-il, les chroniqueurs juifs étaient majoritaires et « consacraient au moins une émission par semaine à la culture juive, à la religion juive à des écrivains juifs, à l'État d'Israël et à sa politique, à la vie des juifs en France et de par le monde ou à travers les siècles ». Et il précisait sa critique en ces termes : « C'est quelques fois très intéressant, quelques fois non, mais c'est surtout un peu agaçant à la longue par défaut d'équilibre. »

Cet agacement devant le tour exagérément communautaire de certaines conversations, la direction de France Culture l'éprouvait aussi, mais nul n'osait s'en ouvrir au producteur de l'émission. Nous étions en 1994 et la bien-pensance alors adorait les juifs. Leur identité n'avait pas seulement droit de cité : elle était enveloppée d'une aura victimaire. On partageait leur nostalgie quand ils évoquaient le monde dont ils étaient issus, on s'inspirait de leur expérience diasporique et ils étaient même autorisés par la poignée de main d'Yitzhak Rabin et de Yasser Arafat qui avait scellé les accords d'Oslo à explorer leur lien avec Israël. La popularité leur montant à la tête, certains en oubliaient les exigences du service public.

Les choses ont changé. Le nouveau siècle et sa doxa islamo-gauchiste ont mis fin à cette parenthèse heureuse. Les mêmes qui vouent Renaud Camus aux gémonies et stigmatisent, les yeux fermés, ses « opinions criminelles » considèrent désormais les juifs avec la plus grande méfiance. Et si quelques-uns d'entre eux s'avisaient de squatter une émission de radio comme à époque du *Panorama*, c'est aux représentants de la diversité et au parti de l'Indignation qu'ils auraient affaire. Les chouchous d'hier sont les suspects d'aujourd'hui. Pour le dire en termes post-sartriens, le juif est un homme que les progressistes de France Culture et d'ailleurs tiennent pour raciste tant qu'il n'a pas renié Israël et affiché un soutien sans faille à la cause palestinienne.

Mais, en 1994, Renaud Camus n'était pas seulement agacé par le judéo-centrisme ostentatoire de quelques journalistes et intellectuels. Éprouvant « un amour passionné pour l'expérience française telle qu'elle fut vécue pendant une quinzaine de siècles par le peuple français sur le sol de France et pour la culture et la civilisation qui en sont résultées », il s'attristait « de voir et d'entendre cette expérience, cette culture et cette civilisation avoir pour principaux porte-parole et organes d'expression dans de très nombreux cas une majorité de juifs français de première ou de seconde génération bien souvent qui ne participent pas directement de cette expérience ». Ces Français de fraîche date, Renaud Camus ne souhaitait nullement les réduire au silence : « Je ne dis pas, écrivait-il, que leur point de vue n'est pas légitime, ni même qu'il n'est pas intéressant, loin de là : il arrive qu'il le soit extrêmement et nouveau, très original, infiniment éclairant et enrichissant. Ce que je regrette, ce n'est pas qu'il existe, pas du tout. C'est qu'il ait tendance en de trop fréquentes occasions à se substituer à la voix ancienne de la culture française, et à la couvrir. »

Dans *Du sens*, le livre qu'il a écrit après et sur l'Affaire qui porte son nom, Renaud Camus juge ces lignes « antipathiques et même franchement déplaisantes ». Mais le but du *Journal* est d'être vrai et non de montrer son meilleur profil en gardant pour soi les sentiments bas et bêtes qui vous traversent. À cette bêtise, cependant, il ne faut pas faire dire plus qu'elle ne dit. Dominique Noguez lui ayant reproché d'affirmer que « seuls les gens installés dans un pays depuis plus de deux générations sont aptes à exprimer sa culture », Renaud Camus répond, toujours dans *Du sens* : « Nous connaissons des écrivains français et aussi des peintres, des compositeurs, des architectes qui sont nés au Vietnam de parents vietnamiens, en Roumanie de parents roumains, au Salvador de parents haïtiens et que sais-je encore, et qui non seulement sont plus pénétrés de culture française que des millions de Martin, de Lefebvre et de Camus, mais même l'enrichissent tous les jours et lui donnent plus de prix, alors qu'une foule des descendants des compagnons de Jeanne d'Arc ou du Petit Caporal ne sait pas qui sont Manet et Valery Larbaud et creusent leurs souvenirs de sitcoms pour baptiser leurs enfants Brandon ou Jennifer. Et nous avons tous autour de nous des Arméniens, des juifs de Pologne, de Roumanie ou de Russie, des Italiens ou des Égyptiens, hommes et femmes, français par choix, le leur ou celui de leurs parents, et dans l'existence desquels Pascal ou Chateaubriand, l'évolution des structures défensives du château fort en Poitou dans le deuxième tiers du XIVe siècle, la peinture tardive de Jouvenet (...) tiennent infiniment plus de place et font l'objet d'infiniment plus de curiosité qu'en l'esprit les ultimes descendants des assiégés de Gergovie. Il n'y a jamais eu le moindre doute dans mon esprit sur ce point. La connaissance par l'intelligence, par l'amour, par le travail et par la volonté, la connaissance *active* l'emportera toujours à cent contre un sur la connaissance par infusion, laquelle est à peu près inopérante, inexistante, pour tout ce qui relève de la spéculation intellectuelle. »

Pardonne-moi d'avoir cité un peu longuement celui contre lequel tu ne décolères pas. Mais la précision – et la langue – en valait, je crois, la chandelle. Ce que Renaud Camus maintient, une fois dissipés les malentendus et désavouées certaines assertions qui méritaient de l'être, c'est qu'à côté de la connaissance par l'étude, par la curiosité, par l'amour, il existe une connaissance par le temps et qu'elle est précieuse. L'identité, c'est-à-dire la constitution et la transmission *de génération en génération* d'un certain mode d'être, d'une forme de vie, d'une façon d'appréhender et de dire le réel, n'est pas pour lui un vain mot. Pour moi non plus, car je n'ai jamais voulu tirer de l'histoire du XXe siècle la conclusion que les juifs avaient seuls le droit de revendiquer leur origine, de jouer la carte de l'ancienneté, d'être des héritiers, des descendants, des débiteurs et que, sous peine de rechuter dans la barbarie, les autres peuples européens devaient impérativement effacer toute dimension généalogique dans la définition d'eux-mêmes. L'école m'a énormément donné. Elle m'a ancré dans la langue, l'histoire, la civilisation françaises mais français, je ne le suis pas exactement comme toi, Élisabeth, et, que tu le veuilles ou non, cette francité fait partie de ton charme.

Aujourd'hui, ce sont toutes les formes de transmission qui tombent simultanément en désuétude. Les vivants ne se laissent pas intimider par les morts, comme l'atteste le choix toujours plus fréquent de se délester, en se présentant par son prénom, de l'encombrant patronyme. Et quand l'école traite encore du passé, c'est pour l'actualiser, le « dépoussiérer », le mettre systématiquement au goût du jour. Elle ne connaît pas de plus bel éloge que : contemporain. L'humanisme, c'était l'imitation des Anciens. En société post-culturelle, les Anciens ne sont tirés du néant que pour imiter les Modernes. Ainsi cet enseignement pratique interdisciplinaire qui propose aux élèves de faire débarquer dans notre siècle des grandes figures scientifiques du passé et d'imaginer leur profil Facebook, leurs tweets, ou encore leurs séquences audio-vidéo sur « Vine ».

Et il se trouve que cette civilisation expirante a de plus en plus d'ennemis déclarés parmi les nouvelles populations installées en son sein. Tous, bien sûr, ne choisissent pas la voie du djihad, tous non plus ne vont pas jusqu'à retourner en bonne nouvelle le cauchemar de Renaud Camus et à célébrer le Grand Remplacement d'un peuple formé par des siècles d'histoire commune, comme le font, sans se gêner le moins du monde, la journaliste Rokhaya Diallo : « Changer d'identité est inexorable ; la France change de visage, elle change de religion majoritaire ; ce n'est pas grave », la porte-parole des Indigènes de la République Houria Bouteldja :

« Notre présence sur le sol français africanise, arabise, berbérise, créolise, islamise, noirise la fille aînée de l'Église, jadis blanche et immaculée », ou encore la romancière Léonora Miano : « Vous avez peur d'être minoritaires culturellement, n'ayez pas peur de quelque chose qui va se passer, l'Europe va muter. Cette mutation peut être effrayante pour certains, mais ils ne seront pas là pour voir l'aboutissement. »

Reste qu'il y a quelque chose de troublant et même de tragique dans la concomitance entre l'abandon et le rejet de notre grand héritage. La démission des uns fortifie l'arrogance des autres. Cette terrible réalité ne me conduira jamais à donner ma voix à un parti qui choisit pour modèles politiques Donald Trump et Vladimir Poutine. J'ai dit publiquement mon regret et même mon accablement que Renaud Camus, par ailleurs si lucide, le fasse. Mais peut-être est-ce justement sa lucidité qui lui fait perdre les pédales. Terrifié par ce qui survient, il n'a plus aucun garde-fou. Il ne sait plus à quel saint se vouer et il n'y a pas beaucoup de saints dans les parages de la colère. Bref, son engagement est un emballement et cet emballement me rend malade. Il continue néanmoins, malgré ses choix rédhibitoires et ses analogies incendiaires, d'habiter mon for intérieur, car celui-ci n'est pas une galerie de portraits, mais précisément un forum, bruyant et très agité. Constatant par surcroît que dans les républiques démocratiques, comme le pressentait déjà Tocqueville, « le maître ne dit plus : Vous penserez comme moi, ou vous mourrez ; il dit : Vous êtes libre de ne point penser ainsi que moi ; votre vie, vos biens, tout vous reste ; mais de ce jour vous êtes un étranger parmi nous. (...) Vous resterez parmi les hommes, mais vous perdrez vos droits à l'humanité. Quand vous vous approcherez de vos semblables, ils vous fuiront comme un être impur ; et ceux qui croient à votre innocence, ceux-là mêmes vous abandonneront, car on les fuirait à leur tour. Allez en paix, je vous laisse la vie, mais je vous la laisse pire que la mort » – je mets un point d'honneur à ne pas plier le genou devant ce tyran féroce et débonnaire.

Mais si je devais m'allier avec quelqu'un, ce serait avec Malek Boutih, l'ancien président de SOS-Racisme. À l'ingratitude triomphante il oppose un magnifique exemple d'intégration et sait faire la place qui leur revient aux Français de souche dans son idée et son amour de la France. Mais ni la droite ni la gauche, ni maintenant le centre, si soucieux, les uns et les autres, de représenter la diversité, n'ont fait de lui un ministre de la République. Il ne me reste donc qu'à rédiger la chronique du désastre, non pas *sine ira et studio* mais en pleurant de désespoir et d'impuissance.

Alain

PS : En 1995 à Cannes, Emir Kusturica était présenté comme un cinéaste bosniaque. Plus tombaient les bombes sur Tuzla ou Sarajevo, plus l'imbécile société du spectacle le portait aux nues. On me téléphonait de Bosnie, de Croatie et de Slovénie pour me supplier de dénoncer l'imposture. Je ne l'aurais pas fait si je n'avais lu dans les *Cahiers du Cinéma* une longue interview de Kusturica dans laquelle il se targuait d'avoir inséré dans son film *Underground* des images montrant l'accueil enthousiaste réservé par les Croates aux troupes nazies et le contraste que cette ferveur faisait avec les rues vides de Belgrade. Ainsi intervenait-il dans la guerre en cours. Ce n'est pas à la rumeur que je me fiais pour critiquer l'œuvre, c'est aux fières proclamations de l'auteur lui-même. Rien à voir avec l'affaire Renaud Camus. Trois semaines après la Palme décernée par Cannes à la Bosnie martyrisée, *Underground* était présenté à Belgrade devant un parterre d'officiels.

Cher Alain,

Ainsi te consacres-tu à rédiger « la chronique du désastre » avec la certitude de bien nommer les choses. Le beau titre de ton dernier livre, *La Seule Exactitude*, m'a d'abord semblé d'une grande justesse politique. J'aime et je partage ton admiration pour Péguy, catholique, dreyfusard et mort à l'ennemi. Mais seulement jusqu'à un certain point, jusqu'à ce jour de 1913 où il en vint à écrire : « Dès la déclaration de guerre, la première chose que nous ferons sera de fusiller Jaurès. Nous ne laisserons pas derrière nous un traître pour nous poignarder dans le dos. » À quel ordre appartenait alors, je te le demande, ce qu'il a nommé « la seule exactitude » ? Je ne confonds pas, bien entendu, le pacifisme d'avant 1914 avec celui qui nous a dissuadés de nous préparer à la guerre dans les années 30 et a finalement abouti à la « divine surprise » maurrassienne de la défaite. C'est pourquoi, quand Péguy appelle à l'assassinat du pacifiste Jaurès et que cet assassinat a lieu, je pense – ne te mets pas en colère ! – au meurtre d'Yitzhak Rabin et je dénonce chez Péguy la faute d'une désastreuse inexactitude qui tempère mon admiration pour lui.

« L'effort pour penser le présent comme ce qui ne s'est jamais présenté jusque-là », écris-tu si justement… Ton sentiment de la catastrophe présente et à venir que serait la fin de la civilisation européenne et ton manque absolu d'espérance dans le futur te conduisent à réprouver les comparaisons à la fois rassurantes et inquiétantes avec des séquences politiques passées, et cette vision apocalyptique justifie que tu te sentes investi de la mission d'avertir. Tu relèves à juste titre la réflexion lucide et courageuse de François Mauriac qui avait répondu présent en 1940 au rendez-vous de la résistance au nazisme : « Si l'épreuve ne tourne jamais vers nous le visage que nous attendions, il nous incombe d'être à l'heure au rendez-vous et de regarder en face le visage que nous n'attendions pas. » En revanche, la pertinence de la belle citation de Claudel que tu faisais dans ton avant-dernière lettre, « Où suis-je et quelle heure est-il ? » me semble relever plus, quand on se rappelle l'attentisme de Claudel, de la mystique que de la politique. Je remarque du reste que c'est à trois écrivains catholiques que tu demandes de prendre en charge l'urgence qui t'habite de juger et d'alerter. Moi, je songerais plutôt à Jérémie, repris, il faut le reconnaître, par les évangélistes Matthieu et Marc : « Ils ont des yeux et ils ne voient pas, ils ont des oreilles et ils n'entendent pas. »

Cela dit, un tel diagnostic posé sur les dénégateurs ne peut être proféré qu'au nom de la vérité, au sens religieux du terme, et, comme Dieu ne nous dit pas grand-chose, à l'un comme à l'autre, il ne nous appartient pas de le prendre à notre compte. Et cela, même si nous savons que la Révélation et la littérature qu'elle nourrit ont la capacité de briser les doctrines philosophiques qui condamnent le temps au retour du même ou à la continuité implacable du progrès. Mais il me semble que cette fonction quasi prophétique risque d'être une simple posture dès lors qu'elle n'est pas inspirée par une transcendance qui indique « la voie, la vérité, la vie ».

Pour tout dire, ton culte de l'exactitude, ton attention à ne pas te tromper de moment, à ne pas se satisfaire du constat somme toute réconfortant que l'humanité européenne traverse une crise et à saisir ce qui fait et fera époque me tourmente profondément à cause de sa proximité et de sa différence avec une expérience de vie et de pensée qui a compté pour moi, à savoir le *kairos*, l'*occasion*, dont les Anciens disaient qu'il fallait l'attraper par les cheveux, puisqu'elle passe vite et une seule fois. L'*occasion* a nourri aussi bien le thème mystique de la grâce que la pensée machiavélienne de l'opportunité. Et elle a fonctionné dans la tradition philosophique comme un puissant dissolvant des systèmes. Ce qui rapproche indéniablement l'occasion de ta pensée de l'exactitude, c'est que les événements dont tu parles et dont il importe de prendre conscience en sachant réagir, à temps et à propos, ont des conséquences irréversibles, puisqu'ils vont faire passer d'un monde à un autre. Je ne sais pas si tu connais ce mot éclatant de Joseph de Maistre, cité par Antoine Compagnon : « Il faut avoir le courage de l'avouer, Madame : longtemps nous n'avons pas compris la révolution dont nous sommes les témoins ; longtemps nous l'avons prise pour un événement. Nous étions dans l'erreur : c'est une époque et malheur aux générations qui assistent aux époques du monde ! » N'est-ce pas ainsi que tu appréhendes la situation actuelle ?

Exactitude, dis-tu… « Quand seront-elles ensemble, l'occurrence d'une seconde et la conscience la plus aiguë ? » demandait Jankélévitch. « C'est une seule fois qu'elles se présenteront ensemble, chaque situation qui survient étant unique. » Mais la différence décisive d'avec toi réside en ce que le philosophe de l'occasion parle de la surprise à ne pas manquer alors que, pour toi, il n'y a jamais de surprise. Ce que tu ne veux à aucun prix laisser passer, c'est l'occasion de dénoncer un quotidien prosaïque et politique, en continuelle et ruineuse transformation et que tu vois destiné à se répéter, à s'amplifier, à s'installer. Dès lors, l'exactitude de ta saisie consiste à vérifier une intuition, un pressentiment et, surtout, à transformer des gestes en signifiants qui concentrent la totalité de l'époque et auxquels tu confères le pouvoir d'annoncer le temps qui vient. Or, pour ma part, je ne me fie pas à ces signes représentatifs et annonciateurs de l'avenir, à cette fonction fatale que tu attribues aux événements qui se présentent et aux mœurs qui sont devenues les nôtres, je ne crois pas qu'ils révèlent à coup sûr la venue de la barbarie. C'est à cet « à coup sûr » que je ne consens pas, à cet abandon de l'espérance et de l'action politique.

Bien sûr, l'« exactitude » pour toi consiste dans la volonté de voir ce qu'il y a à voir, ton leitmotiv étant que la Gauche dénie la réalité. Tu connais ma propension dialectique ou seulement prudente, et peut-être un peu lâche à construire des argumentations contraires grâce à l'expédient logique ou rhétorique du « en même temps ». C'est de là sans doute que provient la question que je nous poserai : est-ce que, sans savoir un peu fermer les yeux, sans un minimum de déni, mais qu'il ne faudrait pas laisser glisser vers l'indulgence ou l'aveuglement, on peut encore envisager de mener une action démocratiquement acceptable ? Par ailleurs, comment, à l'encontre de ceux qui, étrangers à notre culture ou ennemis de nos principes, nous semblent dénier la signification des faits, être sûr qu'on n'a pas confondu la *réalité* avec ce qui n'est que l'*actualité* ? Je voudrais, en nous prenant, toi et moi, pour exemples, illustrer mon doute méthodique quant à la certitude d'avoir affaire à la réalité même. N'est-ce pas tout simplement parce que la civilisation française, parce que les cultures européennes comptent beaucoup pour nous, Alain, que nous pensons que les moins retors parmi ceux qui ne voient pas la vérité du présent et la réalité de l'avenir sont abusés par des idéologies droit-de-l'hommistes, antiracistes, technicistes ? Sans doute parles-tu de voir et de savoir là où je ne perçois que de la croyance, de l'appartenance et le courage de choisir son camp en toute connaissance de cause.

En quoi divergeons-nous ? Je ne crois pas être sceptique, mais plutôt perspectiviste, rejetant l'idée que nous pourrions avoir accès à une réalité objective, indépendamment d'une situation, d'un point de vue, d'un contexte culturel, d'une appréciation personnelle ou d'un projet, car je pense que l'interprétation de ce qui advient n'implique pas seulement la capacité d'entendre l'heure qui sonne à je ne sais quelle horloge mais la prise en compte et l'examen de nos histoires et de nos héritages plus ou moins assumés, voire de l'absence d'héritage. Chacun de nous décide à l'intérieur parfois conflictuel de son champ de réflexion et d'action, repère ses ennemis et voit, au mieux, si son point de vue peut ou non coexister dans un débat démocratique avec celui de ses adversaires, s'il peut composer avec d'autres façons d'évaluer la situation présente.

C'est pourquoi j'essaie toujours d'envisager le point de vue de ceux, du moins avec lesquels j'assume d'être en conflit, parce que je ne peux pas ne pas me demander ce que je dirais et ferais si j'étais à leur place. De surcroît, je pars du constat qu'en l'absence de croyance métaphysique à un droit naturel aucun choix n'est plus désormais fondé, qu'il n'y a plus rien d'immédiatement universalisable, encore qu'il faille se prononcer et décider. Ta ferme résolution de ne pas manquer le rendez-vous avec la réalité, comme toute décision, se prend dans l'obscurité et la confusion d'une expérience singulière, puisqu'il n'y a de concordance des temps ni entre les individus, ni entre les classes sociales, ni entre les peuples.

Aussi t'adresserai-je de nouveau cette pensée de Foucault, qui définit la seule conception de l'universalité sur laquelle je puisse faire fond : « (...) c'est la question de l'historicité de la pensée de l'universel qu'il faut maintenir présente et garder à l'esprit comme ce qui doit être pensé. » *L'historicité de la pensée de l'universel* remet continuellement en crise la réalité et la vérité, mais elle doit n'empêcher ni de juger ni de lutter.

Élisabeth

Chère Élisabeth,

« Rien n'est fait contre le terrorisme », viennent d'affirmer dans une tribune retentissante publiée par le journal *Libération* le sociologue Geoffroy de Lagasnerie et le romancier Édouard Louis, alors même que s'accélère, dans une France dévorée d'inquiétude, le rythme des tueries au nom d'Allah. Certes, l'état d'urgence a été prolongé, la police est sur le qui-vive, les services de renseignement travaillent jour et nuit, trois mille réservistes sont mobilisés pour « sécuriser » les écoles, la surveillance s'accroît partout, la répression s'intensifie et la population se forme aux gestes de premier secours. Mais sur les conditions de vie qui font naître le désir de destruction – la relégation scolaire, la ségrégation urbaine, la précarité, le chômage, le racisme et la violence policière –, on se garde bien d'agir : « Aucun moyen pour créer un monde plus juste, pour arracher les individus à la haine n'a été utilisé. » Déclarer la guerre au terrorisme sans s'attaquer à ses causes sociales, c'est, sous couleur de le combattre, y consentir, l'entretenir et le faire prospérer.

Écrit au lendemain de l'égorgement du père Jacques Hamel dans son église de Saint-Étienne-de-Rouvray, ce réquisitoire est grotesque. Mais il est aussi symptomatique. On ne peut donc se payer le luxe de s'esclaffer en le lisant ou de hausser dédaigneusement les épaules. Il faut s'y arrêter. La caricature exige, hélas, d'être prise au sérieux. Toute la sociologie estampillée, des philosophes illustres, des écrivains qui comptent, des ténors du barreau, des éditorialistes influents, des artistes citoyens et des citoyens engagés pensent, avec nos deux auteurs, que rien n'a lieu sur la terre – aucun conflit, aucun attentat, aucun cataclysme – qui ne procède, en dernier ressort, de l'inégalité entre les hommes. Et ce qui sécrète l'inégalité, ce qui la nourrit, ce qui l'aggrave et la généralise, c'est, sous le nom de mondialisation, l'expansion planétaire du capitalisme. « Notre mal vient de plus loin », faisait savoir Alain Badiou après les massacres qui ont ensanglanté Paris le 13 novembre 2015. De plus loin, c'est-à-dire, en l'occurrence, de plus près : non pas du dehors mais du dedans, non pas d'un autre mais de nous, nous les dominants, nous les heureux du monde, nous la France post-coloniale. Nous enfantons les monstres qui nous tuent. Nos bourreaux sont d'abord nos victimes. C'est parce qu'ils sont le défouloir de nos peurs qu'ils finissent par adopter des comportements effrayants. Le système ayant fait d'eux des boucs émissaires, ils lui rendent la monnaie de sa pièce. « La subjectivité du terroriste est induite et produite par la structure capitaliste du monde contemporain », écrit Alain Badiou. Bref, être de gauche aujourd'hui, c'est rapatrier machinalement tout ce qui nous tombe dessus, tout ce qui nous vient de l'extérieur. Et c'est ne pas hésiter à reconduire le dogme de l'innocence originelle de l'homme dans l'interprétation de la barbarie la plus éhontée, la plus doctrinaire.

Depuis la révolution iranienne, le fiasco soviétique en Afghanistan et la déclaration de celui qui allait devenir le Sultan du Bosphore : « Les minarets sont nos baïonnettes, les coupoles nos casques, les mosquées nos casernes, les croyants nos soldats », un sujet historique oublié – l'Islam politique – a ressurgi sur la scène du monde et la pensée progressiste consacre toute son énergie à le faire disparaître. Au lieu de réviser, sous le choc de l'événement, sa conception de l'histoire, elle se met herméneutiquement en quatre pour en valider la pertinence. Au défi de la nouveauté elle répond par la traversée des apparences. Ainsi retombe-t-elle sur ses pieds et peut-elle affirmer, imperturbable, que tout continue comme avant. C'est pour elle, pas pour moi, qu'il n'y a jamais de surprise. De la critique du colonialisme cette pensée a, certes, retenu que l'Occident ne pouvait, en aucun cas, s'arroger le monopole de la civilisation. Elle tient pour acquises l'égalité et la diversité des cultures. Mais cette diversité, elle la désamorce aussitôt et la vide de toute réalité effective. Elle ne célèbre les différences que comme des ornements, car l'horreur nazie lui a appris à pourchasser, sans relâche, l'amalgame et l'essentialisation.

Le risque est grand, en effet, si les attaques se multiplient, de tomber dans le piège tendu par leurs commanditaires et de mettre, de guerre lasse, tous les musulmans dans le même panier. Pour conjurer ce risque, certains de ceux qu'exaspère le simplisme sociologique de la doxa universitaire préfèrent, quand même, avoir tort avec le pape François quand il refuse de parler de violence islamique et qu'il dénonce le dieu Argent comme le premier terrorisme, plutôt que d'avoir raison avec *Valeurs actuelles*. Je n'entre pas dans cette logique, Élisabeth, car je ne crois qu'on puisse excuser la cécité par la générosité. Le désarmement bienveillant n'est pas plus honorable que l'esprit munichois. Peut-être même en est-il le dernier avatar. Je ne prends pas pour autant la posture prophétique d'un nouveau Jérémie. Ce n'est pas, en effet, d'une vérité transcendante que je me réclame mais, plus prosaïquement, des vérités factuelles et de l'obligation où elles nous mettent de penser l'histoire dans laquelle nous sommes embarqués avec d'autres catégories que la lutte des classes ou la marche irrésistible de la démocratie.

Est-ce mon appartenance à la composante française de la civilisation européenne qui m'a ouvert les yeux sur le malheur des temps ? Je dirais plutôt que c'est ce malheur qui m'a révélé le prix de mon appartenance. Comme l'écrit Hans Jonas dans un tout autre contexte, ce qui était donné, ce qui allait de soi, ce à quoi je ne réfléchissais même pas s'est trouvé brutalement placé sous « la lueur d'orage de la menace ». Ainsi est né en moi un patriotisme auquel rien ne me prédisposait. Et la criminalisation de ce sentiment (que nous partageons) au nom de la mémoire juive, des valeurs humanistes ou de l'amour des démunis et des laissés-pour-compte me met très en colère.

Alain

Cher Alain,

Je voudrais faire une suspension dans le cours de nos échanges, et j'aimerais que tu la considères comme un point d'ordre, même si j'en prends seule et peu démocratiquement l'initiative. Est-ce que nous conversons vraiment, est-ce que nous nous *tournons* l'un vers l'autre ? Est-ce que je ne ressasse pas de vieilles lunes que je prends pour des exigences historiquement incontournables ? Est-ce que, toi-même, tu consens à détordre pour le nouer autrement le fil dont tu dis que je te le donne à retordre ? Comment éviter de nous contenter de discours parallèles qui saisiraient l'occasion et prendraient prétexte de certaines paroles de l'autre, toi pour exposer tes inentamables convictions et moi pour abuser de cette pensée questionnante qui est un tic du professeur de philosophie ?

Sais-tu que, si je suis souvent d'accord avec ce que tu écris sur notre présent, je le suis moins avec ce que tu *m'*écris, car, malgré l'effectivité impressionnante des situations et des positions que tu scrutes, tu ne cesses pas de t'en tenir à la généralité systématique de ta colère, plaidant avec justesse, élégance et brutalité contre ce tribunal où la gauche bien-pensante fait la loi mais dont je ne fais pas partie. C'est pourquoi j'ai l'impression que tu ne t'adresses pas vraiment à moi, que tu m'anonymises et que je finis par me transformer peu à peu en une sorte de scrogneugneu du transcendantal, c'est-à-dire en obsessionnelle des conditions de possibilité préalables à tout jugement. Et nous risquons de tomber dans un échange illusoire.

Je comprends qu'il soit plus déroutant pour toi de faire face à des critiques amicales qu'à l'animosité d'un ennemi. Je voudrais néanmoins qu'au lieu de déplacer mes questions dans le champ où tu as pris l'habitude de combattre, tu acceptes de sacrifier une approche minutieusement et préalablement élaborée qui ne m'est pas destinée puisque tu ne la réélabores pas en fonction de la singularité de notre relation.

Élisabeth

Chère Élisabeth,

Dans mes deux lettres sur Renaud Camus, c'est à toi que je m'adresse très précisément. Je m'efforce, sans perdre mon calme, de réfuter une à une toutes tes accusations. Si je ne t'ai pas convaincue, il faut poursuivre le débat. Et c'est moi, en l'occurrence, qui attends de toi une réponse.

Sur la question de l'exactitude, j'ai choisi de m'expliquer par l'exemple. J'ai cité Badiou, j'aurais pu citer Habermas : « L'absence de perspective et d'espoir qui afflige les jeunes générations des pays arabes, avides de mener une vie meilleure, avides aussi de reconnaissance, est en partie le fait de la politique occidentale. » Je ne te confonds pas avec ces penseurs inébranlables. Je sais que tu ne raisonnes pas ainsi et que tu ne dirais pas que le terrorisme trouve son origine dans le défaut de reconnaissance. Mais la critique que je fais de cette façon de voir m'éclaire moi-même sur la notion de vérité que je défends et sur la tâche philosophique qui me paraît être aujourd'hui la nôtre : nous défaire des philosophies dominantes de l'histoire pour penser l'événement.

Je ne déporte pas tes questions dans le champ où je suis habitué à me battre. J'y réponds comme je sais le faire, de manière inductive. Et à mon tour de t'interroger : comme moi tu es désolée par la Gauche, et pourtant je t'énerve. D'où vient cet énervement ? Fais-tu partie de ceux qui préfèrent avoir tort avec le pape François plutôt que raison avec *Valeurs actuelles* ?

Alain

Cher Alain,

Je n'ai pas à répondre à tes justifications au sujet de Renaud Camus. Je t'ai écrit ce que je pensais, en mon âme et conscience. Tu n'as pas fait le moindre pas de côté et il est exclu que nous nous obstinions dans ce quasi-dialogue de sourds. En revanche, je reviens sur quelques points saillants de ta dernière lettre. Il me semble ou que tu ne m'as pas bien lue, ou que tu m'as lue trop vite. Au fond, ce que je te demandais, c'était d'affronter la différence qui se creuse entre nous face au choc de nos histoires, de nos peurs, de notre incompréhension devant ce qui arrive et de notre regret d'un bouleversement radical où il n'y aura bientôt plus de place pour des gens comme nous. J'aimerais que tu ne restes pas enfermé dans ton registre, je sens en toi comme un refus de te laisser interloquer par la parole de l'autre. En suis-je moi-même capable ? C'est, je te le rappelle, une question que je posais dans ma lettre, car j'ai conscience de mes propres raideurs. En ce qui te concerne, je me demande si tes nombreuses et décisives interventions publiques ne te vouent pas à la clôture d'un jugement en quelque sorte définitif. Or le dialogue avec une personne que l'on connaît bien et avec laquelle on a déjà beaucoup parlé prend du temps, il autorise, il réclame même une conversion au tâtonnement et à la perplexité, dont je comprends qu'elle te coûte.

Permets-moi de te parler un instant de moi pour réfléchir, une fois de plus, sur le lien bizarre que j'entretiens avec toi. Je traîne un vieux fond conservateur ou même, peut-être, réactionnaire : à cause de l'influence de mon père, qui, bien que républicain, amoureux du Front populaire et résistant, s'est toujours refusé, malgré tout, à mettre des distances entre lui et sa famille terrienne et droitière, à cause de ma dette envers la forte éducation catholique qui m'a été donnée dans un collège d'obédience jésuite, et à cause aussi de mon goût pour la littérature française du XIXe siècle, pour Flaubert et Baudelaire, mais aussi pour Barbey d'Aurevilly et Léon Bloy. De cette imprégnation je garde des racines que je n'ai jamais cru devoir arracher et qui ne font pas forcément bon ménage avec l'origine juive russe de ma mère, que je revendique par ailleurs. Voilà pourquoi je ne suis pas toujours sourde à tes sirènes et pourquoi aussi je réagis à certaines de tes prises de position avec une impuissance qui me rend parfois violente. Sur cette couche obscure et en dépit d'elle, s'est construit un engagement à gauche dès que j'ai commencé à enseigner dans le secondaire, dès que j'ai pris conscience de ce scandale démocratique majeur que représente l'inégalité des chances. Car je ne donne jamais au trouble insistant que je viens d'évoquer, à ces affects d'appartenance, le pouvoir d'interférer dans mes jugements politiques. Maintenant, si ce nœud de contradictions que je n'ai pas su délier trouble parfois nos échanges, il pourrait aussi offrir l'occasion d'une confrontation de bonne foi entre nous.

« Comme moi tu es désolée par la gauche, et pourtant je t'énerve. D'où vient cet énervement ? », m'écris-tu. Tu ne m'énerves pas, Alain, c'est beaucoup plus grave que de l'énervement, tu contraries la confiance que j'ai mise en toi à la lecture de tes premiers livres, dans la mesure où tu dévies vers une droite dure alors même que, malgré tes excès, quelques gens de gauche t'écoutent, encore, voire t'approuvent. Tu dois te demander ce que j'attends de toi et j'avoue que je ne suis pas vraiment claire à ce sujet. Disons qu'en vertu d'une solidarité historico-généalogique qui compte beaucoup pour moi et de l'acuité, le plus souvent, de ton regard, je ne veux ni ne peux rompre avec toi. Mais, justesse n'étant pas justice, je trouve que tu es sans nuances dès lors que tu décides de te taire opiniâtrement au sujet de la dette de l'Occident et de la question sociale. Je ne parle pas ici de culpabilité, mais d'un devoir de réparation. Si seulement tes constats et tes jugements étaient plus nuancés, plus dialectiques, s'il t'arrivait de peser le pour et le contre, de calmer le jeu ! Je ne crois pas que jeter de l'huile sur le feu soit la bonne façon d'alerter. Et il ne suffit en aucun cas de dire que tu ne voteras jamais pour le Front national, encore faut-il que ta dénonciation de la situation actuelle soit irrécupérable par l'extrême droite.

« Fais-tu partie de ceux qui préfèrent avoir tort avec le pape François plutôt que raison avec *Valeurs actuelles* ? » me demandes-tu encore. Alors, là, Alain, je suis scandalisée par cette mise en regard de l'héritier et du gardien de deux mille ans de christianisme avec une revue pour laquelle, à sa naissance, le mot de valeur avait un sens exclusivement financier, qui se situe à la droite de la droite et qui est régulièrement condamné par la justice pour racisme. Mon vieux fond gallican me fait regretter que le pape se soit mêlé de donner des leçons à la France sur la laïcité, mais j'aime que cet Argentin, ce premier pape non européen, se veuille expert en injustices sociales. Je déplore profondément qu'il refuse de nommer islamiste le terrorisme qui menace désormais l'Europe, mais je lui sais gré de rappeler à ces gens qui se réjouissent d'être enfin libérés de l'oppression marxiste que la violence du capital financier est criminelle. Et si, par l'immensité franciscaine et le côté un peu prêtre ouvrier de sa charité, il se refuse à nous acheminer vers une guerre de religion et à défendre ce que tu appelles nos valeurs, il me semble mieux représenter l'universalisme du message chrétien que certains propos de ce Benoît XVI, né cardinal Ratzinger, dont tu as tant prisé la déclaration controversée sur l'islam et la chrétienté.

Comment peux-tu mentionner comme équivalents les déclarations indéfectiblement polpotiennes de Badiou et les propos démocratiques d'Habermas, dont je n'admire pas plus que toi la pensée, mais qui, héritier malgré tout des philosophes juifs allemands de l'École de Francfort, a tenté d'assumer une politique allemande d'après le nazisme en prenant acte des tentations qu'entraînerait de nouveau une revendication ethnique d'identité nationale et en déclarant s'en tenir à l'écriture sur une cire vierge d'un patriotisme constitutionnel. Or, ne restituant pas le contexte des différentes déclarations que tu incrimines – pape François, Badiou, Habermas –, tu te prives, me semble-t-il, des moyens de les distinguer, et donc de les mettre en cause efficacement. Les propos d'Habermas, dans la mesure où nous partageons avec lui malgré tout un monde commun, suscitent, eux, des vraies questions : tu devrais en faire l'objet d'une critique argumentée et non d'une simple fin de non-recevoir.

Je voudrais momentanément clore notre échange au sujet de cette fameuse phrase qui scande mes propos : « J'aime mieux avoir tort avec Sartre que raison avec Aron. » D'abord parce que, si « avoir tort » signifie quelque chose, « avoir raison » me semble une expression catastrophique. La raison ne peut être possédée, elle est toujours en travail et quand elle se fixe dans un « avoir », c'est le dogmatisme qui menace. Ensuite, parce que j'ai honte d'avoir pris cette formule à mon compte, honte à cause du communisme et de ses crimes. Mais je ne parviens pas à m'en repentir, même si aujourd'hui je comprends que ce sartrisme d'opportunité m'a empêchée, par exemple, de prendre connaissance d'une pensée tellement importante qu'Aron tentait de faire découvrir, celle d'Hannah Arendt. Le fait de constater que je n'ai pas eu la force d'être mieux que mon temps n'invalide pas, à mes yeux, la vertu polémique de cette phrase.

Dans une lettre précédente, je critiquais ta manière de faire de quelques événements frappants le tout de notre présent et de l'avenir. Je me félicite d'avoir pour exprimer mon malaise songé à une figure de rhétorique, celle de la métonymie, substitution qui consiste, en l'occurrence qui est la tienne, à signifier l'avenir par le présent. Car, lorsque tu dis procéder d'une *manière inductive*, je me souviens de Lachelier qui, cherchant le fondement de l'induction, écrivait : « L'expérience la mieux faite ne sert qu'à nous apprendre au juste comment les phénomènes se lient sous nos yeux. » Il me semble en effet que ta revendication de scientificité affaiblit ton propos alors que le recours à des figures de pensée contribue à le renforcer.

Élisabeth

Chère Élisabeth,

Sur Renaud Camus, tu m'as écrit ce que tu pensais en ton âme et conscience. Mais, drapée dans ton refus de le lire, tu n'as fait aucun cas de ma connaissance de son œuvre, tu n'as rien voulu entendre des arguments et des citations que, tout en prenant clairement mes distances avec lui, je t'oppose. Ce n'est pas un dialogue de sourds, c'est une fin de non-recevoir. Forte de son inexpugnable ignorance, la malédiction ne sera jamais levée. Dont acte.

Tu me reproches, en outre, de t'anonymiser, de ne pas m'adresser à toi, mais au tribunal de la bien-pensance, et force m'est de constater que, pour dire ton désaccord et pire encore ta déception, tu reprends à ton compte tout l'argumentaire de ce tribunal. Tu m'écris sans ambages que je suis sans nuance, que je dévie vers une droite dure en décidant de me taire obstinément au sujet de la mondialisation technico-capitaliste, de la dette de l'Occident et de la question sociale. Cette accusation, je l'avoue, ne me met pas en crise, elle me met en pétard. L'adolescent issu d'une famille turque d'origine kurde qui a agressé à la machette un enseignant juif dans les rues de Marseille était bien intégré et bien éduqué. Et ce n'est pas la misère ou l'injustice qui ont fait basculer dans la férocité absolue l'égorgeur du père Jacques Hamel. Sa mère est enseignante. Son père travaille dans le bâtiment. Une de ses sœurs est chirurgienne. Son frère est informaticien et son autre sœur est employée dans un centre de loisirs de la commune de Saint-Étienne-de-Rouvray. Que demande le peuple ? Invoquer la question sociale, ce n'est pas remonter de l'effet à la cause, ce n'est pas voir plus loin, c'est refuser obstinément de voir que l'islam lui-même est un *fait social*, religieux et politique. Plus cette réalité est présente, plus elle bouleverse notre monde et fait pression sur nos vies, plus la sociologie officielle s'acharne à nous expliquer que la vérité est ailleurs. Pourquoi cette obstination ? Par humanité, par souci éthique, par grandeur d'âme. À ceux qui affirment que le sociologue n'explique que pour excuser les nouvelles manifestations de la haine radicale, Geoffroy de Lagasnerie répond crânement : « Je pense qu'il faut récupérer le mot d'excuse. On cède trop facilement aux offensives de la pensée réactionnaire ou conservatrice. Excuser, c'est un beau programme pour la gauche. »

L'historien applique également ce beau programme quand il souligne la dette de l'Occident envers les peuples qu'il a assujettis et spoliés sans merci. Et lui aussi, la pénitence l'égare : Sayyid Qutb, l'idéologue des Frères musulmans, n'a pas été traumatisé par le joug colonial, mais, lors d'une mission pédagogique aux États-Unis entre 1948 et 1950, par le spectacle intolérable de « cette liberté bestiale qu'on nomme la mixité », de « ce marché d'esclaves nommé émancipation de la femme », de « ces ruses et anxiétés d'un système de mariage et de divorce si contraire à la vie naturelle ». Rien ne le scandalisait davantage que l'organisation par les églises protestantes de bals où les individus des deux sexes se rencontrent, se mélangent, se touchent : « La danse s'enflamme sous les notes du gramophone, observait-il avec dégoût ; la salle de bal se transforme en un tourbillon de talons et de cuisses, de bras étreignant des hanches, de lèvres effleurant des poitrines ; l'air s'emplit de lubricité. » Ce séjour américain suivi d'un voyage en Angleterre, en Suisse et en Italie a affermi sa foi.

L'Occident a beaucoup de choses à se reprocher, mais ce ne sont pas ses crimes ou sa cupidité qui suscitent aujourd'hui une haine inexpiable, ce sont ses libertés. Ce n'est pas son refus de faire une place à l'Autre, c'est la trop grande place qu'il fait à l'autre sexe. « En comparaison, écrivait Qutb, quelle hauteur de vue, quelle humanité, quelle joie en islam et quel désir d'atteindre Celui qui ne peut être atteint. » Et ses successeurs, de plus en plus nombreux et entreprenants, renouent avec le projet originel d'étendre toujours davantage l'emprise de l'islam. Comme le rappelle Bernard Lewis, « l'obligation du djihad se fonde sur l'universalité de la révélation musulmane. La parole de Dieu et le message de Dieu s'adressent à l'humanité ; c'est le devoir de ceux qui les ont acceptés de peiner (*djahada*) sans relâche pour convertir ou, à tout le moins, pour soumettre ceux qui ne l'ont pas fait. Cette obligation n'a de limite ni dans le temps ni dans l'espace ». De cela les progressistes ne veulent rien savoir. Tout en s'employant à réhabiliter la figure du non-Occidental, le furieux Badiou et le doux Habermas lui dénient le statut de sujet à part entière. Ils réservent jalousement à l'Occident l'initiative de l'Histoire. Et les mémoires dont il nous est fait un devoir – celle de la Shoah et celle du colonialisme – jouent maintenant dans la psychologie collective le rôle de *souvenirs-écrans*. Rien d'antérieur ni d'extérieur à ces événements n'a plus droit à l'existence. Ces passés qui ne passent pas effacent tous les autres passés et le présent en devient inintelligible. Je ne me lasserai jamais de le répéter : c'est cette inintelligence mémorielle, historienne et sociologique qui fait le jeu de l'extrême droite. Il ne suffit pas de sonner le tocsin contre le Front national. Encore faut-il prendre acte sans tergiversation de l'inquiétante réalité qui conduit tant de gens désemparés à se tourner vers ce parti.

Dans cette réalité, il y a l'idée, émise par Dalil Boubakeur, le recteur de la Grande Mosquée de Paris, de convertir en mosquées certaines églises désaffectées des villes et des villages de France. Et ce qui m'a amené à te demander si tu fais partie de ceux qui préfèrent avoir tort avec le pape François que raison avec *Valeurs actuelles*, c'est l'appel publié dans ce journal par Denis Tillinac : « La France n'est pas un espace aléatoire et elle n'est pas née de la dernière pluie médiatique : quinze siècles d'histoire et de géographie ont déterminé sa personnalité. Cet héritage nous oblige, de quelque souche que nous provenions et de quelque famille que nous nous réclamions. » Tu m'en as voulu de signer ce texte sur ce support et à côté de personnalités très marquées à droite. Pourquoi me suis-je ainsi engagé et compromis, moi qui ne traîne pas un vieux fond conservateur et qui n'ai pas reçu une éducation catholique ? Parce que la perspective de voir ce monde mourir m'a fait comprendre qu'il était aussi le mien. Et je dirais, de manière plus générale, que la France est devenue pour moi une patrie charnelle depuis que l'hypothèse de sa dissolution est entrée dans l'ordre du possible.

« On peut aimer la France pour la gloire qui semble lui assurer une existence étendue dans le temps et dans l'espace. Ou bien on peut l'aimer comme une chose qui, étant terrestre, peut être détruite et dont le prix est d'autant plus sensible », écrit Simone Weil dans *L'Enracinement*. C'est ce deuxième sentiment qui m'anime et qui me conduit à juger si détestablement niais le pape sentimental. Alors que son prédécesseur plaidait pour un grand *Logos*, c'est-à-dire pour un élargissement de notre conception et de notre usage de la raison, il réduit deux millénaires de christianisme à un insipide message philanthropique, et il débite, entre deux selfies souriants, tous les poncifs de la bien-pensance. « Le véritable islam et une véritable interprétation du Coran s'opposent à toute violence », proclame-t-il *urbi et orbi.* Cette certitude étant acquise, il inverse l'ordre de la transmission et il demande aux jeunes d'enseigner aux adultes « à cohabiter dans la diversité, dans le dialogue, en partageant la multiculturalité, non pas comme une menace, mais comme une opportunité ». Enfin, quand il dénonce le capitalisme, il oublie de signaler parmi ses méfaits la suppression de tous les obstacles à la circulation des hommes, des services et des marchandises. Peu importe à ce système le lent façonnement des êtres et des choses, il ne connaît que les travailleurs et les consommateurs, et ceux-ci sont interchangeables. Pour lui, l'immigration africaine et arabo-musulmane n'est pas un problème culturel, mais la solution économique au vieillissement et au dépeuplement de notre continent fatigué. Rien ne lui sied mieux par conséquent que la prière adressée au Seigneur lors des Journées mondiales de la jeunesse : « Lance-nous dans l'aventure de construire des ponts et d'abattre les murs. »

Cela, tu le sais mieux que personne, Élisabeth, et j'ai pieusement recopié dans mon carnet de citations cet extrait de ton livre *Actes de naissance* : « Il me semble que c'est une erreur politique que de neutraliser l'un des éléments les plus vivaces de l'expérience humaine, le sentiment d'appartenance – aussi *eaux mêlées*, aussi tourmenté soit-il –, car cela engage les hommes à se précipiter dans l'abstraction marchande qui les rend équivalents sans les rendre égaux. » Pas plus que toi, donc, je ne fais silence sur la mondialisation technico-capitaliste. Je m'insurge, à l'inverse, contre le concours inespéré que lui apporte le *kitsch* pontifical. Il ne résiste à rien, ce pape, il accompagne de ses fadaises la liquidation du vieux monde.

Quant à *Valeurs actuelles*, qui se situe, tu as raison de le souligner, à la droite de la droite, il m'arrive d'être choqué par certaines de ses couvertures et je ne me suis pas gêné pour l'écrire dans *La Seule Exactitude*. Notre situation exige autant de détermination que de tact et le moins qu'on puisse dire de ce journal est que le tact n'est pas son fort. Mais il a raison de défendre le patrimoine chrétien, et quand tu me dis qu'il a été condamné plusieurs fois par la 17e Chambre pour racisme, je ne suis pas impressionné. Car le politiquement correct règne dans les salles d'audience comme dans la plupart des salles de rédaction. Et qu'est-ce que le politiquement correct ? C'est un antiracisme qui a perdu la tête et qui, pour reprendre ton expression, tape sur tout ce qui bouge. En notre époque de grand brassage, le mal suprême, ce n'est plus l'exploitation, c'est l'exclusion et, pour combattre ce mal, on ne s'attaque plus seulement à la discrimination raciale, on dénonce le caractère raciste de toute discrimination. L'appartenance à la nation ne saurait conférer aucun privilège, tous les modes de vie s'équivalent et ont droit de cité partout : voilà ce que martèle, à longueur de journée, l'antiracisme intellectuel, médiatique et judiciaire. À ceux qui, comme le philosophe *de gauche* Michael Walzer, estiment encore que le monde a besoin de frontières et qu'en l'absence d'une politique souveraine d'admission des étrangers, « il ne pourrait pas y avoir de *communautés de caractère* historiquement stables, des associations continues d'hommes et de femmes spécialement engagés les uns envers les autres et ayant un sens spécifique de leur vie en commun », cet antiracisme fait la réponse tranchante que j'ai lue dans un compte-rendu de mon livre *L'Identité malheureuse* : « Après Hitler, on ne peut plus penser une appartenance non moisie, un *nous* sans exclusion d'un *eux*, une patrie charnelle sans charnier universel. » Et il prend toutes les précautions nécessaires pour éviter cette moisissure : lorsque les Chinois et les Vietnamiens de Paris manifestent pour protester contre la violence qui les frappe, la bonne presse choisit de taire l'origine ethnique des auteurs de cette violence. Le racisme n'a qu'un visage et ce visage est blanc. Nous voici en plein conte d'Andersen : on est raciste, de nos jours, quand on en croit ses yeux et qu'on dit que le roi est nu. Rien n'est plus angoissant que cette dérive idéologique de la défense et illustration de l'égale dignité des personnes. Qui aurait pu penser, au lendemain de l'effondrement du Reich hitlérien, que le souci de la vérité, le sentiment national et la défense de la civilisation européenne rencontreraient, un jour, sur leur route, un antiracisme à front de taureau ? Qui se serait douté que, saisi d'une plainte à l'encontre d'une chanson intitulée « Nique la France », le tribunal correctionnel de Paris relaxerait les prévenus au motif que la notion de Français de souche « ne recouvre aucune réalité légale, historique, ou sociologique » et que les « Français blancs dits de souche » ne constituent pas « un groupe de personnes » au sens de la loi de 1881 sur la liberté de la presse ?

J'en viens maintenant à la phrase récurrente de notre dialogue : « J'aime mieux avoir tort avec

Sartre qu'avoir raison avec Aron. » J'ai découvert en relisant *La Crise de la culture* de Hannah Arendt que cette phrase avait elle-même un antécédent lointain. Contre le vieil adage « Je suis l'ami de Socrate, je suis l'ami de Platon, mais j'estime la vérité plus encore », Cicéron, en effet, a écrit dans les *Tusculanes* : « Je préfère, au nom du ciel, m'égarer avec Platon plutôt que voir juste avec ses adversaires. » Ce sont les mêmes mots, mais c'est un tout autre monde. Cicéron défendait avec panache son inclination pour un penseur grandiose même en ce qu'il disait d'erroné ou de contestable. Pour lui, comme l'écrit Hannah Arendt, une personne cultivée devait être « quelqu'un qui sait choisir sa compagnie parmi les hommes, les choses, les pensées, dans le présent comme dans le passé ». Et de ce choix, la vérité n'était pas le seul critère. Une certaine idée de la politique et de l'histoire a séparé l'humanité moderne de Cicéron alors même qu'elle réinventait sa formule. La culture n'a plus voix au chapitre. La préférence n'est plus une question de *goût*, mais une affaire de *cœur*. C'est parce que Sartre avait pris le parti des opprimés, parce qu'il avait épousé la cause de l'humanité asservie, parce que son cœur battait pour les prolétaires qui réclament justice qu'une partie de la gauche a préféré se tromper avec lui plutôt que de s'associer avec la bourgeoisie triomphante dans la dénonciation de l'horreur totalitaire. Sous l'égide du monstre miséricordieux qu'est devenu l'antiracisme, cet égarement continue de sévir. Et ce qu'il nous dissimule, ce n'est pas la sinistre réalité d'un régime lointain, c'est l'épreuve même que nous traversons.

Je ne suis pas tâtonnant, Élisabeth, mais je suis perplexe. Car je n'en reviens toujours pas de vivre au pays du mensonge déconcertant. J'essaie donc, quoi qu'il m'en coûte, d'être lucide. Mais ce que j'ai d'arendtien et peut-être de cicéronien, c'est que je préfère me chamailler avec toi plutôt que d'avoir raison avec *Valeurs actuelles*.

Alain

Cher Alain,

Un grand nombre de mes camarades enseignants et moi-même avons abreuvé les élèves et les étudiants de cette pensée marxienne selon laquelle les philosophes ayant diversement interprété le monde, ce qui importait désormais, c'était de le transformer. Mais, depuis 1968, quelques-uns d'entre nous se sont mis à percevoir les signaux venant de philosophes qui voyaient dans la réalité de cette transformation prométhéenne et sociale un processus déconnecté de nos initiatives ou bien la manifestation d'une subjectivité souveraine mettant toutes choses *à disposition*. Les uns demandaient donc qu'on cesse d'*accompagner* le changement, de faire passer le développement pour le progrès et le progrès pour le chemin de la libération, les autres, qu'on s'exerce au dessaisissement. Je crois pouvoir dire que tu as trop bien entendu la leçon : détestation du mouvement perpétuel, hantise des mondes qui meurent, tourment identitaire, vigilance quant à ce que tu tiens pour des limites infranchissables. Nous avons souvent parlé à bâtons rompus de la démesure, de la finitude, et ton souci me paraît remarquablement pris en charge par la leçon qu'on trouve dans une page du *Philèbe* de Platon, quand Socrate sauve à sa façon l'esprit de la tragédie. « Parce qu'en toutes choses elle avait observé de la démesure la Divinité, n'observant pas de limites en elles, les a soumises à une règle et à un ordre, en lesquels existe la limite. En cela, tu prétends, toi, qu'elle leur impose une torture, moi, je dis qu'elle leur apporte le salut. »

Aussi impressionnante que soit la sagesse de cette alarme, le concept de finitude m'inspire de la défiance et je ne l'aborde qu'avec une extrême prudence, car le pathos qui le plus souvent l'accompagne grise les métaphysiques existentialistes qui, sous prétexte de recours à l'expérience du vécu, me semblent beaucoup moins sobres que les philosophies essentialistes, comme celles de Platon, de Descartes, de Husserl, qu'elles prétendent congédier. Le plus souvent, quand on parle de la finitude et qu'on fait de cette prise de conscience une norme interdisant le droit à l'espérance prométhéenne, on n'en appelle pas seulement à la responsabilité, on se rengorge d'humilité, on se délecte de limitation, on récuse sans réserve la maîtrise, la possession et l'exploitation, on fait crédit aux religions contre les savoirs, on se soumet à une modestie imposée par la transcendance ou à un naturalisme dicté par la Révélation, on place la loi au-dessus des droits, on met en cause, a priori, l'idée de progrès et souvent on se résigne médiocrement alors qu'on prétend accéder à la noblesse du consentement.

Je n'oublie cependant pas que la prise de conscience de la contingence et de la brièveté de nos vies reste une épreuve nécessaire à la tentative de miner l'illusion de la subjectivité souveraine : cette leçon que Heidegger, Adorno, Horkheimer, Levinas et Lyotard auront entendue et inoubliablement transmise. La finitude a partie liée avec ce que des philosophes du XXe siècle ont nommé la facticité, à savoir que tout est donné sans raison, que notre existence humaine est injustifiable, et avec ce scandale majeur : que des subjectivités conscientes de soi se trouvent vouées à disparaître. La contingence de la naissance et l'inéluctabilité de la mort, pardon pour ce truisme ! provoquent la détresse de se découvrir bordé par deux néants. Toutefois, le plus difficile à admettre pour ces amants du sens et de la destinée que spontanément nous sommes tous, le plus révoltant ne relève peut-être pas tant de l'ontologie que de l'épigenèse, ce devenir des espèces et des individus qui, loin de développer du préexistant, produit du nouveau. C'est cette épigenèse, redécouverte par Darwin et constituant désormais la Théorie synthétique de l'évolution, qui a infligé à la mélancolique métaphysique humaniste de la finitude sa plus humiliante blessure. L'évolution atteste en effet qu'il n'y a pas d'exception humaine, que tout ce qui est advenu et adviendra dans le devenir de l'univers et de la terre, de ce qu'on appelle la nature, est un développement contingent, aléatoire, une suite d'émergences dépourvue de direction, une histoire à la Shakespeare, « racontée par un idiot et qui n'a aucun sens ».

Pourtant, en deçà de ce constat d'un processus auquel nous avons part mais auquel nous ne contribuons qu'illusoirement, alors même que nous prétendons construire de nouveaux mondes et une autre humanité, une expérience persiste, celle d'un *donné* ; et, sur cette résistance, nous nous sommes souvent accordés. Il faut évidemment purger le mot de *donné* de son sens théologique, évacuer donc le thème de la création, et aussi éviter de tomber dans un naturalisme ou un « faitalisme » obtus qui interdirait qu'on change quoi que ce soit à ce que certains ont intérêt à présenter comme un état de choses incontournable. Alors oui, pour nous tous, sans doute, il y a *de l'être*, à nous tous le monde est donné. Il reste que ce don de l'être, du monde et de la vie advient différemment et surtout inégalement aux hommes et aux femmes, aux riches et aux pauvres, aux puissants et aux dominés. Cette disparité est, elle aussi, un donné. Faudrait-il, sous prétexte de finitude, le laisser inchangé ?

Quand, dans des textes admirables sur la gratitude, Arendt demande qu'on n'oublie pas de *dire merci*, je me dis qu'aussi tragique qu'ait pu être sa vie de réchappée de l'extermination et d'exilée, elle reste une juive allemande de naissance bourgeoise, une héritière, une universitaire. Toutes proportions gardées, étant moi aussi une héritière, ces textes sur la gratitude me touchent profondément et c'est pourquoi je tiens à me ressouvenir de cette résistance – de plus en plus faible – du donné à nos constructions et à veiller même sur cette reconnaissance vis-à-vis de ce qui se refuse, toujours encore et on ne sait pas pour combien de temps, à la transformation, à la manipulation, voire à la substitution. Mais quelle instance, face à un processus technoscientifique et sociétal que son développement sans mesure rend irréversible, implacable, quasi totalitaire pourrait, je te le demande, trouver l'autorité d'interdire le franchissement de certaines limites ? Ne m'en veuille pas de revenir à Rousseau et à l'espoir que ne peut pas tout à fait sacrifier la société des amants du XVIIIe siècle : « Qui oserait, écrit-il, assigner des bornes précises à la nature, et dire : "Voilà jusqu'où l'homme peut aller, et pas au-delà" ? » Il y a lieu pourtant de s'interroger sur l'extension qu'on peut accorder à ce donné, à ce *reçu*. Il désigne sans doute en première instance la différence des sexes au sujet de laquelle nous pourrons nous disputer à loisir dans un second moment de notre échange sur la finitude. Mais, je te le demande à nouveau, quelle infranchissable frontière devrait impérativement suspendre notre pouvoir de changer les règles de la vie en société, voire – pourquoi pas ? – les structures élémentaires de la parenté, et qui aurait l'autorité de tracer cette limite ? C'est donc bien à propos de la démesure que nous nous disputons quand nous abordons les mutations de la société et les avancées de la technoscience. Mais je suggérerais, si du moins tu en es d'accord, que nous entamions nos variations sur la finitude, en parlant du rapport entre l'histoire et les lois.

Nous nous sommes heurtés quand nous avons abordé cette déclaration de Rabaut Saint-Étienne dans ses *Considérations sur les intérêts du tiers état* : « L'ancienneté d'une loi ne prouve autre chose, sinon qu'elle est ancienne. On s'appuie de l'histoire ; mais l'histoire n'est pas notre code. Nous devons nous défier de la manie de prouver ce qui doit se faire par ce qui s'est fait, car c'est précisément de ce qui s'est fait que nous nous plaignons. » Tu penses, avec Burke et contre la Convention, que c'est l'histoire et, pendant qu'on y est, le droit coutumier, qui constitue notre code. Or je pense pour ma part que la proclamation solennelle des droits et ce qui s'en est suivi ont conféré pouvoir de rupture et de recommencement à la Révolution française, en mettant l'accent sur l'injustice insupportablement légale et légitime du monde comme il allait avant le 4 août 1789, et sur l'obligation d'inventer de nouvelles règles, d'instituer de nouvelles lois. Maintenant, si cette déclaration de Rabaut Saint-Étienne me hante si profondément qu'elle me conduit à me rapprocher, bien qu'avec méfiance, de ta façon d'évaluer cette suite d'événements qui firent époque, la Révolution française, c'est que je ne peux pas renoncer à m'approprier les deux membres de l'alternative et à penser que l'histoire contribue *aussi* à établir notre code, dans la mesure où des pans persistants du passé tout à la fois nous lient, nous engagent, nous endettent, nous comblent de leurs richesses, nous accusent, autrement dit qu'on ne saurait tout recommencer à zéro.

Je ne peux pas croire, Alain, que tu joues Edmund Burke contre les décrets de la Convention nationale, dont certains furent criminels – je pense à la répression des Vendéens –, mais dont la plupart ont formé la nation et façonné la civilisation française en même temps qu'ils inspiraient tant d'autres tentatives d'émancipation. Son livre *Réflexions sur la révolution de France* est, je dois le reconnaître, d'une rare séduction et je comprends qu'il ait retenu l'attention d'Hannah Arendt. La promotion révolutionnaire des droits de l'homme étant une abstraction, il vaut mieux, disait-il, s'en remettre à l'héritage inaliénable des droits que chacun transmet à ses enfants au même titre que la vie elle-même. Ainsi s'expose de manière redoutable un certain attachement à la finitude, au poids du passé et, bien entendu, au patrimoine.

Alors, je vais te poser une question sur la Révolution française qui te semblera sans doute vieillotte, car sans objet au regard de « la fin des grands récits » dont j'ai reçu l'amère et salutaire leçon de Jean-François Lyotard. Je la risque au-delà ou en deçà des querelles d'historiens quant à la datation de son début et de sa fin, quant à la trahison éventuelle de 1789 par 1793, quant à une analogie possible avec 1917. Quel rôle cette narration que le récit national a tenue pour refondatrice joue-t-elle dans ton lien ombrageux avec la nation, la République, l'école ? Est-ce que ton attachement à la finitude t'égarerait au point de te faire préférer Burke à Michelet ?

Élisabeth

Chère Élisabeth,

Comme le souligne Éric Weil, « depuis que les philosophes grecs et les prophètes juifs ont demandé ce qu'est la justice et non pas ce qui découlait des usages de leur temps, notre tradition n'a plus été capable et ne le sera jamais plus, si elle doit se maintenir dans sa véritable valeur et non pas dans sa force matérielle, de dire avec bonne conscience : "Ceci est bon parce que c'est notre manière à nous" ; elle a toujours dit et ne cessera pas de dire : "Où est le Bien, que nous puissions le servir ?" »

En proclamant, avec Rabaut Saint-Étienne : « Notre histoire n'est pas notre code », les acteurs de la Révolution française se sont inscrits, au moment même où ils décidaient de rompre avec un ordre séculaire, dans cette tradition de l'anti-tradition. Ils ont distingué le

Bien de l'Ancestral, ils ont traduit la coutume devant le tribunal de la Raison et la Déclaration des droits de l'homme est née de cette audace. Mais de l'audace à la présomption, il y a un pas que Rabaut Saint-Étienne s'empresse de franchir quand il affirme : « Tous les établissements en France couronnent le malheur du peuple. Pour le rendre heureux, il faut le renouveler, changer ses idées, changer ses lois, changer ses mœurs, changer les hommes, changer les choses, changer les mots. Tout détruire ; oui, tout détruire puisque tout est à recréer. »

Par ces mots et les actes qu'ils font naître, Rabaut Saint-Etienne va au-delà de ce qu'implique la formule : « L'histoire n'est pas notre code. » Il dit désormais : l'histoire est notre ennemie et il en tire toutes les conséquences. La Révolution vire à la liquidation du monde ancien. Il ne s'agit plus seulement de récuser l'autorité du passé, mais de le pourchasser, d'en effacer les traces, de le faire disparaître. « Mort aux morts et à tous leurs représentants ! » – tel est le cri du cœur et de guerre des révolutionnaires quand ils ne se contentent pas de promulguer les droits de l'Homme, mais qu'ils travaillent à son engendrement. C'est la fracassante irruption du *pas encore* dans l'histoire : l'homme n'est pas encore, il arrivera à destination, il *sera* lorsque, éradiquant toute survivance, balayant tout préjugé, surmontant toute contradiction, venant à bout de toute altérité, il épousera la vision divine d'une raison sans limite.

Ce qui me semble philosophiquement et politiquement indispensable, face à cette présomption dévastatrice même quand elle n'est pas sanglante, c'est la réconciliation de la raison et de la finitude. L'inachèvement est notre lot, l'imperfection fait partie de notre condition. Nous n'en aurons jamais fini d'explorer le sens de l'être et les morts peuvent nous y aider. Nous ne sommes pas faits pour vivre sous leur joug, mais ils doivent avoir voix au chapitre. Car, Hans Jonas nous le rappelle, « l'homme authentique est là depuis toujours avec ses hauts et ses bas, sa grandeur et sa misère, son bonheur et ses tourments, sa justification et sa culpabilité – bref, dans toute son ambivalence, qui est inséparable de lui ». Et Jonas ajoute à l'usage de ceux qui persistent à vouloir accomplir dans l'avenir une humanité véritable : « Il faudra nous résigner au fait que nous devrons apprendre du passé ce qu'est l'homme. » Cet apprentissage, nous l'effectuons par la culture, c'est-à-dire précisément en allant voir chez les morts ce qu'il en est de nous-mêmes et du monde. Et qu'est-ce qu'une nation, sinon, comme le dit Burke en réponse au rêve d'un peuple neuf, « une association, non seulement entre les vivants et les morts, mais entre les vivants et les morts et tous ceux qui vont naître » ? Burke ici rejoint Michelet et le refus du pathos de la rupture dont témoigne sa conception de l'histoire de France comme une cité commune entre les vivants et les morts.

Je te rassure : aussi admiratif que je sois (comme toi, d'ailleurs) des *Réflexions sur la Révolution française*, aussi extraordinairement pertinentes et prémonitoires que m'apparaissent, dans ces lettres écrites en 1790, les objections de la sagesse pratique à l'implacable confiance en soi de la critique radicale, je préfère Michelet à Burke, car je ne lis jamais sans émotion son récit de la fête de la Fédération et cet événement est pour beaucoup dans mon attachement à la nation, à la république et à l'école qui autrefois en transmettait la connaissance. Mais je retiens que, par-delà leur opposition, Burke et Michelet étaient l'un et l'autre assez conscients de la finitude pour ne pas réduire le passé à un repoussoir ou à une préfiguration et pour se mettre, sans arrogance, à l'écoute de ceux qui ne sont plus.

Alain

Cher Alain,

Merci d'abord de me faire un peu crédit en m'associant à ton attachement aux prophètes juifs et aux philosophes grecs, à leur volonté de justice et de vérité, à cet universalisme que je ne remets jamais en cause sans effroi. Car, à lire la suite de ta lettre, je me demande, une fois de plus, à qui tu t'adresses. Tu t'emportes, tu fais, contre les prétentions au recommencement, une solennelle déclaration de conservatisme en oubliant qu'avant toi et sans toi, bien que désormais avec toi mais autrement, je garde le respect de certaines traditions et que, hors Descartes, je porte une détestation profonde à l'idée de table rase ou à celle de cire vierge.

Mais, avant d'entreprendre un débat sur le fond, je dois te dire que je ressens, dans l'insistance avec laquelle tu assimiles notre héritage à un don des morts, quelque chose d'un peu morbide. Nous pouvons nous émouvoir de l'insistance de Michelet sur la piété envers ceux qui nous ont précédés, mais tu sais bien que c'est à l'immense peuple anonyme des oubliés et non aux grands hommes qu'en historien il pense quand il marche dans le cimetière du Père-Lachaise. Mon expérience de la littérature, de la musique et de la peinture ne se vit pas sur ce mode du deuil, mais sur celui d'une dette envers l'à-présent et la transcendance des œuvres. J'ai même tendance à oublier que leurs auteurs ne sont plus et donc, parfois, à ne pas assez prendre en compte le contexte historique de ces surgissements.

Par ailleurs, il me semble peu habile de présenter de cette façon funèbre à nos adversaires – les partisans du mouvement à tout prix – les œuvres dont nous pensons que nul ne peut se dispenser de les avoir rencontrées. Certes, Marx lui-même reconnaissait, pour s'en moquer, la puissance des morts quand il écrivait, dans *Le 18 Brumaire de Louis Bonaparte* : « Les hommes font leur propre histoire, mais ils ne la font pas arbitrairement, dans les conditions choisies par eux, ils la font dans des conditions directement données et héritées du passé. La tradition de toutes les générations mortes pèse d'un poids très lourd sur le cerveau des vivants. Et même quand ils semblent occupés à se transformer, eux et les choses, à créer quelque chose de tout à fait nouveau, c'est précisément à ces époques de crise révolutionnaire qu'ils évoquent craintivement les esprits du passé, qu'ils leur empruntent leurs noms, leurs mots d'ordre, leurs costumes (...). » Ce texte étonnant n'engage pas seulement à railler l'antiquomanie qu'affichaient les révolutionnaires, il permet d'analyser, dans toute son ambiguïté, le rapport du passé historique au présent politique et il mérite d'être confronté au propos de Rabaut Saint-Étienne, car il donne à interroger cette révérence, voire cette imitation des prédécesseurs qui empêche de méditer sur la manière dont le passé, à travers les événements et les œuvres, structure et vivifie le présent. Peut-être la facilité que nous nous donnons, qui consiste à parler des « grands livres » et des « grands hommes », permet-elle au moins d'éviter cette piété qui met indélicatement les points sur les i en traitant de *morts* les morts qui ont produit des œuvres au lieu de faire interagir leurs forces vives avec nos mises en cause et nos attentes actuelles.

Rabaut Saint-Étienne avait été pasteur, et Dieu sait qu'un protestant s'y connaît en rupture et continuité ! Mais sa déclaration à la Constituante, tellement frappante, dont je présumais, l'assumant et la récusant à la fois, qu'elle nous permettrait de mieux nous affronter, perd tout pouvoir de donner lieu à un commencement de dialogue dès lors que tu entreprends de citer longuement les propos excessifs, inacceptables qui l'encadrent : c'est un mauvais coup que tu portes là à notre volonté de débat. Pourtant, je vais te prendre au mot et te rappeler que ce n'est pas sans une violence verbale similaire qu'en 1794 les Conventionnels ont décrété que le français serait la langue obligatoire de tous les documents publics et établi des instituteurs de langue française. Barère, orateur éloquent de la Convention et membre du Comité de salut public, prononçant des paroles pleines de mépris et d'arrogance envers les populations bas-bretonnes, alsaciennes et basques, exigeait qu'on éradique, afin que tous acquièrent les moyens d'avoir accès à la loi, ces idiomes qu'il qualifiait de patois et de jargons. Je sais que je touche ici un point sensible en évoquant le geste brutal qui sacrifiait les douces coutumes natales à la fondation de l'école. Mais tu m'accorderas qu'il leur fallait absolument, à ces Conventionnels, accompagner des décrets qui n'étaient pas de simples réformes, mais des initiatives proprement révolutionnaires, d'une emphase de la rupture susceptible d'obtenir le vote des députés en faveur de transformations radicales et durables dont on n'avait pas eu l'idée auparavant et qui allaient constituer le sol d'une démocratie républicaine.

Tu réclames la réconciliation de la raison et de la finitude. Mais, qu'on se réfère à l'ontologie de Heidegger, comme tu le fais, ou à l'analyse rétrospective, matérialiste, pessimiste d'Adorno et de Horkheimer, ce qui est mon cas, on sait qu'il est désormais trop tard pour évoquer un idéal de sagesse et de prudence. La raison a « toujours du mouvement pour aller plus loin », disait avec fierté un philosophe du XVIIe siècle : pour aller trop loin, reprenons-nous, avec les plus grandes craintes. Au fond, ce que tu récuses, c'est l'être abstrait et plein de promesses que Feuerbach et le jeune Marx, le distinguant de l'homme individuel, limité de toutes parts, ont nommé l'*homme générique*, le « pas encore », comme tu dis avec défiance, celui qui, transformant par le travail le monde et lui-même, entretient un rapport à son propre *genre*, l'humanité. Ton refus ne mène-t-il pas à dénier trop légèrement le caractère civilisateur, émancipateur, anthropogène du travail ? Et, dans ton rejet radical de l'approche constructiviste pour laquelle rien n'échappe au politique, ne risques-tu pas de reconduire, sous couvert de finitude et d'acceptation du donné, quelque chose comme une croyance en l'existence d'une nature immuable ?

Je veux bien que ces concepts hégéliens et marxistes soient devenus moins opérants – et j'ai contribué à les déconstruire en récusant l'opposition « humaniste » de l'homme et de l'animal –, je sais aussi que les avancées de la technoscience et les crimes du XXe siècle nous obligent à prendre la mesure d'un mauvais devenir des Lumières, exigeant que nous méditions en retour et pensions parfois à rebours. Mais je regrette que tu sembles tenir pour seulement désastreux ce moment qu'on a pu baptiser « drame de l'humanisme athée » et qui fit événement dans le devenir de la « conscience européenne ». La détestation du mouvement, jointe à la hâte de conclure, t'empêche de reconnaître la complexité et l'ambivalence de l'histoire multiple en train de s'écrire.

Élisabeth

Chère Élisabeth,

Tu as voulu m'inscrire, il y a deux lettres de cela, dans la lignée, tout ensemble glorieuse et compromettante, de ceux qui pensent avec Edmund Burke et les contre-révolutionnaires que notre histoire est notre code. Je t'ai répondu que tu te trompais et que j'étais d'accord avec toi pour dire que la proclamation des droits avait conféré un pouvoir de rupture et de recommencement à la Révolution en mettant l'accent sur l'injustice du monde comme il allait avant cette extraordinaire Nuit du 4-Août où, à l'initiative de députés de la noblesse, l'Assemblée constituante a pris la décision d'abolir le régime féodal. Mais comme je cite les propos totalitaires de Rabaut Saint-Étienne – « tout détruire pour tout recréer » – qui encadrent sa célèbre formule, tu m'accuses de porter un mauvais coup à notre dialogue. Alors là, Élisabeth, les bras m'en tombent des pieds, comme on disait à Constantine. La lectrice de Michelet et de Victor Hugo que tu es le sait mieux que personne, nous sommes les héritiers de 1789 *et* de 1793, de la révolution des Droits de l'homme *et* de la Terreur et nous pouvons d'autant moins nous abstenir de méditer ce moment où la volonté d'autonomie a basculé dans le fanatisme de la table rase qu'il s'est répété à une époque récente et à une échelle infiniment plus meurtrière. Ce qui caractérise le bolchevisme, a écrit Vassili Grossman, c'est la foi fanatique en la puissance du bistouri : « Le bistouri est le grand théoricien, le leader philosophique du XXe siècle. » Et qu'était la Chine pour le président Mao, sinon, comme l'écrit Simon Leys, une « page blanche » qui s'offrait à son inspiration pour qu'il y calligraphie le « poème inouï de sa révolution » ?

Je réfléchis à tout cela, j'essaie de nourrir notre dialogue de cette réflexion et je me pose avec toi la question de savoir si elle fait de moi un conservateur. Cette posture est, à mes yeux, tout à fait respectable. Mais, tout bien considéré, je ne la crois pas adaptée à l'urgence de notre situation.

Le mot qui me paraît le plus juste pour désigner ce qui arrive, c'est, alors même que plus personne ne rêve du Grand Soir, celui d'*éradication*. La nation tombe en morceaux, le territoire est défiguré par l'industrialisation accélérée des campagnes, l'explosion des zones pavillonnaires, le surgissement des hypermarchés et des centres commerciaux à l'entrée des villes (imagine l'épouvante et le chagrin de Bonnard, de René Char ou de Nicolas de Staël s'ils revenaient sur terre et qu'ils arpentaient aujourd'hui les routes de la région PACA) ; la laideur n'épargne rien, pas même la langue, la syntaxe s'effondre, le vocabulaire se rabougrit, les règles grammaticales les plus élémentaires tombent en déshérence et je ne parle pas seulement des quartiers sensibles : les comédiens, à quelques belles exceptions près, ne parlent plus, une fois descendus des tréteaux, la langue dans laquelle ils jouent, au point qu'on peut raisonnablement se demander si cette langue, ils la comprennent encore ; une ministre de l'Éducation nationale déclare, sans que personne ne s'émeuve de cette formulation : « Les parents ne comprennent juste rien à comment travailler à la maison » ; l'école ayant sacrifié l'exigence et l'excellence à la lutte contre les inégalités n'est plus qu'un champ de ruines ; les œuvres de la culture cèdent la place aux productions de l'industrie culturelle ; le silence est chassé de partout et Cioran a raison de dire que cette disparition doit être comptée parmi les indices annonciateurs de la fin...

Le temps est donc révolu où les traditions des générations mortes pesaient comme un cauchemar sur le cerveau des vivants. Les vivants désencombrés n'ont plus de comptes à rendre. Les thermidoriens que nous sommes en ont fini avec la Terreur, mais pas avec le bistouri. Pour le dire d'une autre métaphore, le vieux monde n'est pas lancé à notre poursuite comme nous le croyions en 1968, il nous quitte, il s'en va, il s'éloigne et nous, sur notre tapis roulant, nous ne savons pas comment faire pour nous arrêter de courir.

Inutile d'en appeler à la pensée contestataire. Elle ne nous est d'aucun secours. Découvrant après Foucault l'« immense et proliférante criticabilité des choses, des institutions, des pratiques, des discours, cette sorte de friabilité générale des sols, même et surtout les plus familiers, les plus solides et les plus prochains de nous, de notre corps, de nos gestes de tous les jours », cette pensée ne s'oppose pas à la déstabilisation générale, mais à tout ce qui l'entrave. Elle traque les permanences, elle trouble les généalogies, elle inquiète les identités, elle prend systématiquement le parti de la discontinuité, bref, elle nous invite à nous défaire de ce qui se défait et n'étudie notre héritage que pour nous en affranchir. L'alternative n'est plus entre la critique et la conservation, mais entre le processus en cours et sa surenchère critique d'un côté et, de l'autre, l'exigence de *sauver* la langue, la culture, l'école, les paysages et ce qui reste de la beauté du monde. À cette exigence convient le mot de *rupture*, au sens d'interruption et peut-être même celui de *révolution* si l'on admet, avec Walter Benjamin, que celle-ci n'est plus la locomotive du progrès mais la main de l'espèce humaine tirant la sonnette d'alarme à bord du train de l'histoire fourvoyé dans la mauvaise direction.

Ce vœu, Élisabeth, est aussi le tien. Tu ne le vois pas s'accomplir car quelques voix qui protestent ne font pas une main agissante. Mais, pas plus que moi, tu ne te résignes au statu quo, c'est-à-dire, en l'occurrence, au mouvement qui nous emporte. Nous partageons la même douleur et la même invraisemblable espérance. Alors pourquoi t'obstines-tu à me chercher des poux dans la tête ?

Alain

Cher Alain,

Tu me demandes pourquoi je te cherche des poux dans la tête. Je te rappelle que ce n'est jamais avec malveillance qu'en cherchant des poux on examine les cheveux d'un enfant. Mais je crois que nos désaccords sont plus graves que ce que tu en perçois, et je constate en même temps que le fait de te harceler m'oblige à me retourner sur les choses que j'ai pu vivre, enseigner, écrire et à m'interroger sur l'identité que j'ai construite. Du coup, ce n'est pas que je vacille à ton contact, c'est que, dans ma propre tête aussi, j'en viens à chercher des poux. Je m'interroge sur le hiatus qui s'est creusé entre le plaisir que je trouve à parler avec toi en transgressant certaines évidences politiquement correctes et mon quant-à-soi social-démocrate dont le moins qu'on puisse dire, c'est qu'il n'a guère le sens de l'humour et qu'il manque d'esprit critique dès lors qu'il s'agit des Droits de l'homme, de l'égalité effective et du racisme.

L'admiration et l'amitié que j'ai portées à des auteurs plus âgés que moi, mais dont j'ai été la contemporaine – Foucault, Derrida, Lyotard, Levinas –, à ces philosophes qui pratiquaient une déconstruction de la tradition propre à l'anthropocentrisme de la doxa philosophique, m'ont menée sans doute plus loin que je ne voulais aller. Leur magnifique rhétorique d'écrivain ne pouvait manquer de se traduire, s'effectuer, se transmettre dans une inexorable surenchère, et c'est ainsi que j'ai été emportée, et le suis encore, vers des positions radicales qui sont plus liées à la séduction par leurs écritures que j'ai terriblement prises au sérieux, qu'à des décisions politiques et sociétales totalement assumées. À la lecture du fragment de Foucault que tu cites, je réalise qu'une incroyable émotion s'empare encore de moi, comme ce fut le cas lors de ma première lecture. « L'immense et proliférante criticabilité des choses, des institutions, des pratiques, des discours, cette sorte de friabilité générale des sols, même et surtout les plus familiers, les plus solides et les plus prochains de nous, de notre corps, de nos gestes de tous les jours (...) », écrit-il. Et tu commentes :

« Cette pensée ne s'oppose pas à la déstabilisation générale mais à tout ce qui l'entrave. Elle traque les permanences, elle trouble les généalogies, elle inquiète les identités, elle prend systématiquement le parti de la discontinuité, bref, elle nous invite à nous défaire de ce qui se défait et n'étudie notre héritage que pour nous en affranchir. » Ta lecture de ces lignes me fait prendre conscience de ma fragilité : m'alarmant moi aussi de la destruction de la langue et de la Terre, ne voulant me défaire entièrement ni de l'héritage ni des généalogies, j'ai pourtant pris le parti de la discontinuité et de la dispersion. Cette zone d'ombre de mes contradictions étant éclaircie, je me sens plus forte pour aborder la question du *genre*, le point sans doute le plus marquant et le plus actuel de cette « friabilité générale ».

Une discussion préalable devrait porter sur ce mot peu familier en français au sens où l'anglo-américain l'emploie : genre qui traduit *gender*. Ceux qui sont hostiles à l'idée du « genre » parlent de la « théorie du genre », ceux qui y sont favorables d' « études de genre ». Je me rallie à la seconde de ces désignations. *Théorie*, dans l'esprit des opposants, a quelque chose de pseudo-scientifique, de quasi lyssenkien et de parfaitement idéologique. Mais *Études de genre*, avec son pluriel disséminateur, me semble une manière à la fois ferme et modérée de faire opérer le concept de genre. Ce qui suscite la controverse, c'est la référence au genre dans des institutions comme l'état civil et l'enseignement, car alors c'est l'État qui use du concept et l'institutionnalise en vue de changer les rapports sociaux.

La thèse du genre consiste à affirmer que la sexuation mâle-femelle à la naissance ne suffit pas à définir l'identité d'un individu et encore moins son destin social et historique. Les cas d'hermaphrodisme ont conduit à s'interroger sur l'absence de statut de ces *personnes*, sur leur droit à revendiquer une neutralité sexuelle et sur l'élaboration d'un troisième genre. Le transsexualisme, désormais le transgénérisme, est donc le fait pour une personne de s'identifier, au moins en partie, à un autre genre que celui qui fut constaté ou attribué à sa naissance et d'en adopter le mode de vie. Ces individus, au lieu d'être tenus pour des cas d'exception qui ne donneraient aucunement lieu à la réflexion et à la décision démocratique, mais seulement à la déploration et à l'exclusion, invitent à conférer un statut à de nouvelles orientations sexuelles, c'est-à-dire existentielles, et à substituer un éventail d'identifications possibles à la partition binaire entre le masculin et le féminin.

Je reconnais donc et approuve l'influence du genre sur les Abécédaires de l'égalité : contre les rumeurs obscurantistes qui défendent les stéréotypes sexuels et en dépit de certains ratés pédagogiques qui ont compromis son introduction dans les classes primaires. Je pense en effet légitime le fait de reconnaître que chaque individu a le droit de se forger une pleine existence sexuelle et sociale. Étant diderotienne, je sais que la force de l'épigenèse, en ce qu'elle invente des formes inédites, et qu'aujourd'hui elle permet de critiquer la fatalité du *tout-génétique,* autorise à affirmer que les institutions et l'éducation appellent à faire évoluer les mœurs. Mais, en même temps, dans cette redistribution par le genre, plus, dans cette multiplication des possibilités fondamentales d'existence, je crains de devoir reconnaître le triomphe d'une subjectivité qui ne laisse rien subsister de ce qui a précédé chacun de nous, l'affirmation d'une toute-puissance qui ne veut pas se souvenir que je n'ai pas choisi de me donner le jour, que je ne suis pas l'auteur de mon commencement. La question de la finitude domine ta pensée, elle hante la mienne.

Malheureusement, je ne peux pas m'attarder à cette inquiétude qui nous est commune, car elle se trouve immédiatement barrée par ceux qui sont partis en guerre contre le mariage pour tous avec la tranquille, l'effarante certitude que le royaume de la *famille* leur appartient en propre et qu'au rebours de ce que nous montre la tradition littéraire et picturale, le désir sexuel ne peut pas être polymorphe et le désir d'enfant, universel. Cette hostilité témoigne en fait d'une immense panique devant l'homosexualité et du refus que des femmes ou des hommes vivant en couple obtiennent le droit d'engendrer ou d'adopter des enfants. La seule limitation que pour ma part je revendique, c'est le recours à la gestation pour autrui, qui me semble inacceptable en raison de la marchandisation du corps des femmes qu'elle implique.

Que le féminisme, par ailleurs, ait intérêt à encourager la réflexion sur le genre et à prendre le parti du mariage homosexuel, à tenir compte de ces nouvelles *donnes* qui mettent en question le prétendu *donné* et tentent d'éliminer la hiérarchisation des sexes, cela me semble relever d'une évidence. Je déteste, moi aussi, les manifestations d'esthétisme qui accompagnent l'excitation sur le *queer* et les provocations qui s'expriment dans la laideur souvent obscène des défilés LGBT. Car c'est justement parce que je comprends et défends la volonté de fierté de ces femmes et de ces hommes que je souffre de la voir promue sur ce mode répulsif. Tu vois que je me laisse aller en parlant comme tout le monde des *hommes* et des *femmes*... Car, bien entendu, j'ai en horreur les comportements liberticides des campus américains et cette inflation de recherches et d'enseignements sur le *genre*, qui, sous couvert de déconstruction, détruisent à la fois les langues et les disciplines traditionnelles structurant notre savoir. La mise à l'index des œuvres du passé me révolte autant que toi. Dans ton livre *Et si l'amour durait*, tu rapportes ces mots que Stendhal attribue au comte Mosca dans *La Chartreuse de Parme*. Celui-ci murmure, devant la voiture qui emporte Fabrice et la Sanseverina : « Si le mot amour vient à être prononcé entre eux, je suis perdu. » Cette phrase m'a toujours habitée, car elle est comme la promesse d'une élaboration de la vraie vie par le langage. Je crois comme toi au pouvoir des mots que nous transmettent les écrivains et je ne peux pas admettre que l'éducation par la littérature, la construction affective et politique par la lecture soient sacrifiées à cette avancée du genre et à cette promotion de l'homosexualité. La seule question qui me tourmente est alors celle-ci : comment casser dès l'enfance ces normes inégalitaires structurantes tout en maintenant la possibilité à venir pour ces mêmes enfants d'un enseignement de la tradition littéraire qui, tout de même, raconte des histoires et fait des portraits de ceux qui se sont laissé désigner jusqu'à aujourd'hui comme hommes et comme femmes ?

Je me sens humiliée par le soupçon envers la grammaire que révèle la féminisation orthographique des fonctions quand celles-ci sont exercées par des femmes, comme je le suis par certaines exhibitions en rapport avec la libération des mœurs. Mais j'essaie de me reprendre sur mon obsession du bon goût et, si la conquête de leur fierté par ceux de nos semblables qui ont été offensés, dominés, persécutés doit rendre inévitables quelques attentats contre la langue ou quelques défis aux bonnes manières, je l'accepte volontiers. Car je ne saurais me rallier à ta défense d'un héritage spécifiquement français, défini par la galanterie, c'est-à-dire par les façons de se comporter en public qu'affichaient des hommes éminents du XVIIe et du XVIIIe siècle. Les conduites de courtoisie, politesse et civilité, auraient-elles été suggérées par des femmes, n'ont pas grand-chose à voir avec le respect dû à l'égalité, parce qu'elles se réfèrent à des habitudes de cour, à des cultures d'un passé lointain qui n'ont lieu de prévaloir ni dans l'égalité de la république ni dans celle d'une démocratie.

Aucun de ces raffinements de conduite ne convient par conséquent à l'état actuel de notre société, dans la mesure où il faut savoir qu'aujourd'hui, à Paris, une femme est tuée tous les trois jours par son compagnon. Par ailleurs, si je ne suis pas insensible aux égards des hommes, comme toutes les femmes de ma génération et parce que mon âge me dissuade d'y voir du sexisme, je n'y reconnais aucunement l'excellence d'un code de conduite. Tu récuses le féminisme en raison de l'amélioration de la condition féminine occidentale et en prenant pour prétexte le fait que tu t'es toujours impeccablement rangé du côté des femmes qui travaillent, qui pensent, qui écrivent. Tu vas me dire : qu'attends-tu de plus ? Eh bien, je voudrais qu'au lieu de te retirer sur ton Aventin de la tradition galante tu essaies de reconnaître la légitimité toujours actuelle d'un certain nombre de combats féministes. Au fond, tu sais bien – et tu en souffres comme moi – que nous baignons dans un affreux mélange de puritanisme américain et de pornographie publicitaire, qui tient lieu de libération.

Élisabeth

Chère Élisabeth,

Tout est construit, rien n'est naturel, nulle réalité humaine n'échappe à l'histoire, pas même l'opposition du masculin et du féminin : telle est, en effet, la thèse qui sous-tend les récentes et déjà innombrables études de genre. Cette thèse ne se veut pas seulement descriptive. Elle dessine un programme. Il s'agit, en montrant la diversité des formes prises par une opposition qui apparemment va de soi, d'en délivrer, une fois pour toutes, les hommes et les femmes. Les romantiques déjà avaient réintroduit dans la multiplicité du devenir les manières d'être et de faire que l'on croyait universelles et intemporelles. Mais, pour eux, historique voulait dire *respectable*. Pour les adeptes du genre, à l'inverse, historique signifie arbitraire et donc *révocable*. Le rejet du déterminisme biologique impliqué par les termes de sexe et de différence sexuelle parachève, à leurs yeux, le grand combat pour la liberté.

Les hommes naissent libres et égaux, disent les déclarations des droits. Sauf que *leur liberté est hypothéquée par leur naissance*. Ils naissent homme ou femme, et cette identité leur assigne un destin. Pour que cela cesse, on décide donc de brouiller les codes : les petites filles sont invitées à découvrir les joies du rugby, les petits garçons à ne plus préférer systématiquement les ballons aux poupées, et les transgenres accèdent au statut de héros de notre temps : en changeant de sexe pour affirmer leur genre, ils ou elles lèvent définitivement l'hypothèque et réduisent à néant la part non choisie de l'existence. Ce ne sont plus des exceptions, ce sont des exemples, des pionniers, de purs sujets, l'avant-garde d'une humanité à même désormais de résilier le donné par l'exercice de la volonté.

Ce grand projet libérateur me paraît à la fois effrayant et mensonger. Mettre les élèves, dès leur plus jeune âge, en garde contre les « discours normés », ce n'est pas les émanciper, c'est les endoctriner. La spontanéité étant perçue comme un conditionnement, le ministère de la Rééducation nationale choisit de l'éliminer par une inlassable propagande. L'historicisation des goûts et des instincts ouvre à la manipulation un champ d'action illimité. Et quel navrant spectacle, à l'ère de la dérision généralisée, que celui d'enfants et d'adolescents déjà narquois, déjà goguenards, invités à débusquer les « stéréotypes » dans les œuvres de culture destinées autrefois à façonner leur âme ! En troquant l'admiration pour la démystification, on ne développe pas, comme il est dit partout, leur esprit critique, on les enferme, sous couvert de les éclairer, dans le cercle étroit d'un présent dogmatique et passionnément épris de lui-même.

Lors d'une émission de télévision à laquelle je participais, l'animateur a demandé à tous ses invités s'ils avaient en eux une part féminine et comment ils la décrivaient. J'ai refusé avec véhémence de répondre à cette question, car, pour moi, la différence des sexes, c'est l'événement même de l'altérité. Personne ne peut prétendre, en mélangeant les différences comme autant d'ingrédients, représenter l'humanité à lui tout seul. « Homme *et* femme Il les créa. » Ce « et » ne se décline pas de la même façon à toutes les époques et dans toutes les cultures, mais il est irréductible. Certes, la différence a longtemps servi de prétexte à hiérarchiser les rapports entre les hommes et les femmes et à distribuer autoritairement les rôles : elles faisaient marcher la maison, tandis qu'ils arpentaient et façonnaient le monde. Aussi nostalgique que je puisse être par ailleurs, je remercie le ciel de vivre à l'heure de l'universalisation démocratique de l'idée du semblable, car elle a mis fin à cette division et périmé sans appel la vision du bonheur domestique que proposait encore Kierkegaard : « J'ai sonné [...]. Elle connaît mon coup de sonnette ; alors, entré dans le vestibule, quand j'entends le tapage des enfants où elle mêle sa voix, quand je la vois venir à la tête de la petite troupe, si enfant elle-même qu'elle semble rivaliser d'allégresse avec les marmots, alors, je sens que j'ai un chez-moi. » Le « je » en question n'est pas l'auteur. Celui-ci a fui, en rompant ses fiançailles avec Régine, la perspective de cette étouffante idylle. Je le comprends, et je tire de mon expérience la conclusion que l'entrée des femmes dans le monde et leur accès à toutes les professions sont aussi une chance pour l'amour.

Mais pourquoi faudrait-il nettoyer les démocraties de tous les rituels antérieurs à leur avènement et jeter au rebut ce qui reste en France de tradition galante ? La galanterie des hommes et l'élégance des femmes, c'est *le refus de sacrifier la féminité sur l'autel de l'égalité*. Le romancier américain Thornton Wilder écrivait en 1972 : « L'un des aspects les plus séduisants de la France est le respect universel pour les femmes à tous les niveaux de la société. Chez lui et dans les restaurants, le Français sourit à celle qui le sert, la regarde droit dans les yeux quand il la remercie. » Et je te cite, en version originale, la phrase la plus belle : « *There is an undertone of respectful flirtation between every man and woman in France – even when she's ninety, even when she's a prostitute.* » Pour les néoféministes, l'expression de *respectful flirtation* est une insulte, un affront, un scandaleux oxymore. Traquant la domination jusque dans les compliments, elles font de la galanterie une sous-catégorie du sexisme. Elles en viennent ainsi à confondre violence et civilisation, et à militer avec ardeur pour un monde sans équivoque et sans grâce. J'en déduis, prolongeant Chesterton, qu'après les vertus chrétiennes, ce sont les droits de l'homme qui sont en train de devenir fous. Conçue comme libre-service, la liberté se retourne contre la finitude et l'égalité déchaînée se lance à l'assaut de toutes les différences. Que nous sommes libres, mais non souverains, semblables mais différents – voilà ce que la thèse sur le genre s'acharne à nous désapprendre.

Tu décèles, chez certains critiques du genre, une panique devant l'homosexualité. Et tu leur opposes justement tout ce que nous montre la tradition littéraire et picturale. Mais cette tradition n'intéresse pas les nouveaux apôtres de l'émancipation. Ils ont les yeux tournés vers l'avenir radieux où, grâce aux progrès conjoints de la technique et de la démocratie, les emplois de l'homme et de la femme, mais aussi du père et de la mère, seront devenus interchangeables, comme s'il n'y avait rien de plus pressé pour l'humanité que d'entrer dans l'ère de la remplaçabilité générale, et la revendication qu'ils veulent voir satisfaire sans attendre est la filiation pour tous. Milan Kundera, entre autres, s'en étonne : « Et les homosexuels ? J'ai de grands amis parmi eux. Leur vie sexuelle ne m'a jamais intéressé. Ce que j'admirais chez eux, c'était la façon dont ils menaient leur existence ; non seulement leur liberté échappait à tout contrôle administratif, mais surtout elle les protégeait contre le poids de la famille, contre le chahut de la progéniture. Je pense à André Gide, à ses mots : "Familles, je vous hais." De nos jours, les homosexuels manifestent dans les rues de Paris pour leur droit à se marier : "Mariage pour tous ! Mariage pour tous !" Je pense à Gide. »

Je ne partage nullement l'aversion quasi phobique de Kundera pour la famille et je ne résumerais certainement pas mes rapports avec mon fils par les mots « chahut de la progéniture ». Mais je ne dirai jamais : hors de ce cocon, point de salut ! Il y a d'autres formes de vie tout aussi gratifiantes, tout aussi désirables. Tu m'as aidé à en prendre conscience : on est parfois plus ouvert au monde, à la culture, à l'amitié, quand on n'a pas d'enfant. Je suis surpris aussi par l'absence de crainte et de tremblement dans la rupture annoncée avec ce que toutes les humanités antérieures considéraient comme un invariant anthropologique : le triptyque du père, de la mère et de l'enfant. Je suis choqué par le mépris dont sont accablés ceux qui appellent à la prudence. Et je médite sans fin ce paradoxe : plus s'élargit le champ des possibles, et plus on va vers l'uniformisation des comportements.

Alain

Cher Alain,

Une remarque, avant de te répondre, sur la citation que tu fais d'un auteur anglais à propos de la galanterie française : même une femme de quatre-vingt-dix ans, même une prostituée... Se vanter de respecter de la même façon celle avec laquelle on couche vénalement et celle dont on n'a plus rien à attendre, ce fait de mettre en avant deux catégories de parias révèle une bien peu respectueuse réduction des femmes à leur sexe. Alain, de moi à toi, c'est énorme que tu sembles t'approprier cette parfaite muflerie.

Tu te vantes d'avoir refusé de répondre à une question sur « ta part féminine »... Pour troubler ton refus antédiluvien de t'interroger sur la coexistence de l'un et l'autre sexe à l'intérieur de chacun de nous, je te rappellerai d'abord quelques mots de Freud. La science, disait-il,

« attire votre attention sur le fait que des parties de l'appareil génital masculin se trouvent dans le corps de la femme, bien qu'à l'état atrophié, et vice versa. Elle voit dans cette occurrence l'indice d'une double sexualité, d'une bisexualité… » Et il ajoutait : « Vous êtes enfin invités à vous familiariser avec l'idée que les proportions dans lesquelles masculin et féminin se mêlent dans un individu sont soumises à des variations considérables. » Ce qui n'indique évidemment pas qu'il déniait la réalité biologique de la différence des sexes. Maintenant, quand tu m'écris que « la différence des sexes est l'événement même de l'altérité », j'ai envie de te répondre : s'il suffisait qu'un homme couche avec une femme, et une femme avec un homme, pour qu'ait lieu l'ontologique *expérience de l'autre*, cela se saurait…

Tu évoques le néoféminisme, ce n'est pourtant pas de cela qu'il est question dans ma perspective, mais de comprendre le mot de Simone de Beauvoir : « On ne naît pas femme, on le devient. » En précisant que le « sexe », c'est le corps vécu par le sujet, elle a dénoncé les manipulations socio-historiques qui produisent l'inégalité entre les hommes et les femmes. Chacun de nous, et pas seulement les femmes, *est* une histoire, un sujet qui se construit ou échoue à se construire à travers des épreuves et des blessures. Comme Althusser l'a écrit de façon poignante, même s'il ne songeait pas spécialement au destin des femmes, une guerre, dépourvue de mémoire et de mémoriaux, se livre à tout instant en chacun des rejetons de l'humanité, qui, « projetés, déjetés, rejetés, chacun pour soi, dans la solitude et contre la mort, ont à parcourir la longue marche forcée qui, de larves mammifères, fait des enfants humains des sujets ». Reconnaître que, toujours, déjà et partout, l'historicité est à l'œuvre, c'est simplement veiller sur le tragique de la *condition* humaine. Tu reproches aux défenseurs du genre leur rejet du déterminisme biologique. Mais n'est-ce pas en cela que consiste la singularité de ce qui se laisse désigner comme *humanité*, dans ce refus de s'en tenir à la fatalité biologique et, aujourd'hui, à ce tout-génétique auquel des scientistes prétendent nous réduire ?

Les partisans du genre n'acceptent pas que leur identité de naissance leur assigne un destin, dis-tu. Ils te répondront, et moi avec eux, que ce destin biologique est d'entrée de jeu déterminé par des normes sociales, par les rôles dévolus à l'un et l'autre sexe, par la dévaluation du féminin qui s'ensuit. Ma défense du genre et de l'homoparentalité, en dépit de mon inquiétude devant l'inflation des droits subjectifs, vient de l'exigence de conférer une reconnaissance sociale à ceux qui sont ou se sentent différents, de ne pas les abandonner à la marginalité. Il s'agit de la légitime revendication de chacun au bonheur, à la dignité, à l'invention de nouvelles formes de vie, à la parentalité sans filiation biologique, à l'adoption, à la prise en charge par l'institution ; il s'agit du droit d'être *considéré* au même titre que les autres. Du reste, cet « invariant anthropologique », cette disjonction du masculin et du féminin dont tu te réclames en excipant de leur rassurante complémentarité se révèle immédiatement hiérarchisante, au même titre que la distinction du haut et du bas, du chaud et du froid, de l'humide et du sec. Alors que tu crois fonder l'expérience éthique de l'altérité, tu adoptes là une manière structuraliste, conservatrice et pessimiste de nier la possibilité de modifier les rapports sociaux.

« Rien n'est naturel », dis-tu, pour résumer polémiquement la position du genre. Je répliquerai : rien, en effet, n'est naturel au sens où tu l'entends. La « nature » elle-même a une histoire. Que quelque chose soit donné, je le *crois* mais, je te le demande de nouveau, comment nommer ce donné et qui va tracer la limite ? Se contentera-t-on, dans cet emballement techniciste qui m'effraie autant que toi, de s'en remettre à la décision démocratique ? Il me semble, une fois encore, que tu manifestes, de lettre en lettre, une grande peur de contribuer à faire l'histoire et, aussi, de devoir t'appréhender toi-même comme une histoire. Pour les adeptes du genre, dis-tu, historique veut dire *arbitraire*. Mais *arbitraire* signifie : produit par la seule volonté de l'homme, sans règle ni fondement, alors qu'*historique* signifie tout autre chose : *relatif*, c'est-à-dire l'exact inverse de cet absolu que tu évoques solennellement ou métaphoriquement quand tu cites : « Homme et femme il les créa »…

Ta notion de nature, première, inviolable, transcendante relèverait-elle, en dernier recours, d'un acquiescement à la révélation judéo-chrétienne ? Je ne sais pas si tu sais que les rabbins Yeshaia Dalsace et Rivon Krieger se sont démarqués de la déclaration du grand rabbin Bernheim contre le mariage homosexuel. C'est dire que le verset « Homme et femme il les créa », chez ces rabbins « conservative », qui se situent entre le judaïsme orthodoxe et le judaïsme réformé, peut ne pas être pris à la lettre.

Tu m'écris que la thèse du genre n'est pas seulement descriptive, qu'elle dessine un programme. Je te l'ai concédé avec prudence dans ma lettre, en disant que c'était à ce niveau de sa mise en pratique que les problèmes se posaient et qu'il convenait d'en débattre sans caricature et sans emportement. La spontanéité des filles et des garçons est perçue comme un conditionnement, dis-tu. Mais le plus souvent elle n'est rien d'autre que cela, un conditionnement ! Et seuls l'école élémentaire, le collège et le lycée peuvent faire échapper les élèves à la reproduction des modèles imposés aux enfants par leurs familles. D'où l'obligation de maintenir l'enseignement laïc français, sans le moindre « accommodement raisonnable ». Nous ne devons donc pas, encore une fois, réduire une discussion sur le genre aux choix pédagogiques de ministres qui, par les initiatives qu'ils ont imposées dans certaines classes primaires, ont parfois manqué de finesse et de précaution, alors qu'ils entendaient honorer la promesse républicaine de faire en sorte que l'école favorise une égalité effective entre les garçons et les filles.

Les partisans du genre décident de brouiller les codes, dis-tu encore. Mais je réagis en diderotienne quand je t'entends dire des transgenres que ce ne sont plus désormais des exceptions, mais des exemples. Je n'irai pas jusqu'à faire d'eux des héros de notre temps, mais j'admire la perspicace générosité de Diderot pour qui aveugles, sourds et muets, enfants naturels, filles mères, Hottentots et autres Neveux de Rameau étaient des ferments de la société. Et, m'inscrivant dans cette trace, j'élargis le cercle de la considération.

À l'inverse de Kundera, citant Gide pour mieux ridiculiser le « mariage pour tous », je pressens beaucoup de « morale qui se moque de la morale » dans le féminisme et dans certains travaux sur le genre. Le père et la mère interchangeables, dis-tu avec répulsion. Mais c'est magnifique, cette métamorphose des mœurs, cette tendresse physique des hommes, cette autorité des femmes ! Pourquoi et vers quoi veux-tu obstinément revenir en arrière ?

Élisabeth

Chère Élisabeth,

La galanterie procède d'une connivence sur le fait que les femmes plaisent et qu'il est licite et même recommandé de leur rendre hommage. Le romancier *américain* Thornton Wilder s'émerveille de voir qu'en France ce protocole ne souffre aucune exception : il s'applique à toutes les femmes, quels que soient leur rang, leur âge ou leur statut. Certes, à quatre-vingt-dix ans, le beau sexe a cessé de mériter ce nom et les prostituées nous dispensent de les courtiser. Mais la galanterie n'est pas littérale. Elle joue, elle mime, elle *fait comme si*. Elle récuse en douceur le verdict du vrai. Elle atténue, par ses attentions et ses artifices, la dureté de l'être. Où est le mal ? Où est l'indélicatesse ? Où, la muflerie ?

Faut-il réserver la *respectful flirtation* à celles qui « valent le coup » ou la supprimer purement et simplement au profit d'un traitement égal de tous les êtres humains ? Je ne me résous ni à cette exclusion brutale ni à cette affadissante indiscrimination. La galanterie est ce semblant, ce léger mensonge, ce presque rien qui pimente l'existence et qui la civilise. Voilà pourquoi je suis si attaché à ses derniers vestiges.

J'en viens maintenant à la question qui nous occupe : le genre. Premier constat : les femmes n'ont pas eu besoin de cette thèse pour conquérir une « chambre à soi », pour entrer dans le monde du travail, pour participer à la vie politique ou pour se déprendre des aléas de la fécondation. Le genre est venu *après la bataille* et avec un autre agenda : non plus libérer les femmes de leur sujétion ancestrale, mais en finir pour chacune et pour chacun avec le *déjà-là*. Alors que toute culture reposait jusqu'à présent sur une interprétation de la nature, la thèse du genre prétend répudier l'une et l'autre, la nature comme la culture, afin que nulle assignation identitaire, nulle prescription normative n'empêche les individus d'être qui ils veulent être. Dans certaines universités américaines, les étudiants ont le droit de choisir le « pronom genré » qu'ils veulent voir utilisé quand on s'adresse à eux. Caricature ? Non, car le fantasme de l'*autoengendrement* est au fondement de la thèse du genre.

Je suis très sensible, Élisabeth, à ce que tu dis du droit de chacun au bonheur, à la dignité, à l'invention de nouvelles formes de vie, à la prise en charge par l'institution, et permets-moi de partager ton beau souci d'élargir, dans la trace de Diderot, le « cercle de la considération ». Mais faut-il pour cela *déconsidérer* le vieux monde, jeter sur notre héritage le regard de celui à qui on ne la fait pas, précipiter tout le passé des hommes dans les ténèbres de la bêtise et l'enfer de la domination ? Naguère encore, nous lisions les classiques, parce que nous avions le sentiment qu'ils nous lisaient. Cette confiance n'est plus de mise : nous sommes désormais conviés par les études de genre à toiser *Roméo et Juliette* ou *Lucien Leuwen* avec un mélange de condescendance et de suspicion. Et que reste-t-il de l'institution, que reste-t-il même de l'ordre symbolique, quand les subjectivités ne trouvent devant elles ni usage social, ni règle, ni rôle, aucun ensemble d'actes ou d'idées tout institué et qu'elles sont invitées à n'exister que par elles-mêmes et à s'épanouir sans entraves ?

Je contribuerais sans doute avec plus d'allant à faire l'histoire, Élisabeth, si le ressentiment contre le donné naturel *et* culturel ne tendait à devenir l'unique moteur de ceux qui la font. Et ce qui m'inquiète, tout bien considéré, ce n'est pas que les pères et les mères soient désormais interchangeables, c'est que, dans la société post-institutionnelle qui se dessine, il n'y ait plus ni père ni mère mais seulement des mamans et des papas, ces mamans bis.

Alain

Cher Alain,

Je te remercie d'avoir entendu qu'en essayant de maintenir un héritage sans étouffer les murmures parfois troublants de l'avenir, je ne cherchais pas à déconsidérer le vieux monde. Par ailleurs, quand j'ai écrit que ceux qui sont partis en guerre contre le genre cultivent la tranquille certitude que le désir d'enfant ne pouvait pas être homosexuel, c'est la féroce déambulation familialiste de la Manif pour tous, ce sont ces implacables confiscateurs du couple et de la parenté que j'avais en tête, et non ceux qui, comme toi, tentent philosophiquement, bien que de manière problématique à mes yeux, de contrôler la dérive dans l'illimité.

Il reste que, si j'ai tellement insisté sur tout ce qui se joue entre le *donné* naturel et le *donné* culturel, la galanterie et le féminisme, la dichotomie sexuelle et le genre, c'est parce que les décisions fondamentales à ce sujet innervent une question qui nous tourmente différemment, toi et moi : cette identité qui s'exprime de multiples façons et surtout, aujourd'hui, à travers les revendications des minorités. Est-ce à dire pour autant que la discrimination à l'égard des minorités sexuelles relève de la même problématique que celle qui s'exerce à l'égard des minorités ethniques ? Proust a écrit des pages inoubliables et transgressives dans lesquelles il suggère la proximité de situation entre les homosexuels et les juifs. Mais, autres temps, autres mœurs et autres cultures… Qui aurait le front en effet de dénier aujourd'hui le fait que la plupart des musulmans de France, cette minorité religieuse, ont adhéré à la condamnation du Mariage pour tous et des Abécédaires de l'égalité et que beaucoup de pays musulmans persécutent actuellement les gays en même temps qu'ils relèguent les femmes ? À la gauche de la gauche, un militantisme, venu des États-Unis, qui réduit toutes les causes dites identitaires – et d'abord celle des femmes – à un seul et même combat contre la domination déroule le cours inexorable de ses proclamations et de ses actions. Suspendant ici la question de savoir si opérer une identification entre le sexisme et le racisme, d'une part, l'identité sexuelle et l'identité religieuse, de l'autre, ne relève pas d'une grave faute politique, je m'en tiendrai dans cette lettre à comparer nos rapports respectifs à l'identité nationale.

Tu t'affirmes avec la même ferveur juif et français, et ceux qui te diffament mettent en cause la véhémence avec laquelle tu revendiques l'une et l'autre filiation. On est bien loin du débat de l'année 1970, quand Romain Gary, compagnon de la Libération et juif orgueilleux, revendiquait sa double condition de Français et de juif et « recadrait » fermement Alfred Fabre-Luce, ancien pétainiste, qui avait imputé l'antisémitisme renaissant à cette position qu'il qualifiait de duplicité, tandis que son ami, Raymond Aron, y voyait une « double fidélité ». Toi et moi distinguons clairement la double appartenance de la double allégeance, conséquence inévitable de la double nationalité. Comme je ne peux pas renoncer à me souvenir qu'au début de la Seconde Guerre, on a interné systématiquement les ressortissants des pays ennemis, y compris les antinazis et les juifs allemands, je me dis : faut-il que le cours de l'histoire se soit apaisé pour que la loi n'exige pas qu'un étranger devenu français renonce à sa nationalité d'origine ou qu'un Français ayant acquis une autre nationalité renonce à la nationalité française !

Car cette double nationalité qui va de soi en temps de paix devient problématique quand le pays est en guerre ou que son gouvernement décide qu'il pourrait être en conflit avec telle ou telle autre nation : et je parle ici aussi bien d'Israël que des nations arabes.

Par-delà le débat sur la déchéance de nationalité, et parce que je considère l'octroi ou l'acquisition de la nationalité française comme une chance pour la France et pour les étrangers naturalisés, je ne dirai jamais assez le mal que cela me fait de découvrir que des Franco-Tunisiens, des Franco-Marocains – j'évoque des pays que j'ai appris à aimer – ont été les auteurs d'attentats terroristes sur le territoire national ou risquent de revenir de Syrie porteurs de projets d'assassinat.

Tu n'as pas acquis la nationalité israélienne, ce qui te différencie d'un certain nombre de juifs français qui ont renoncé à être des Français juifs, et pourtant tu n'as jamais cessé de défendre le droit d'Israël à exister dans des frontières sûres et reconnues. Plus encore, aussi critique que tu aies pu être quant à l'expansionnisme des gouvernements israéliens, tu n'as jamais renié le sionisme, à savoir le droit des juifs, reconnu par les nations, en 1948, de créer un État national sur la terre de Palestine. Peut-être cette solidarité te vient-elle de ce que je me représente comme une tendresse secrète envers ces quatre grands-parents que tu n'as pas connus parce qu'ils ont été déportés et assassinés. Par ailleurs, il faut rappeler que tu as clairement marqué tes distances avec les devoirs de mémoire ou de repentance, et ce, jusqu'à mettre en cause le rôle que les survivants et leurs descendants ont pu jouer dans le désamour de la France vis-à-vis d'elle-même.

Ce que je viens de formuler à ton sujet et que je reprends en quelque manière à mon propre compte, tu l'as dit toi-même en de multiples occasions et l'as écrit dans plus d'un livre. Mais alors, que se passe-t-il, pourquoi cette haine antijuive à ton égard alors même que tu adhères à La Paix maintenant et à J. Call, deux mouvements qui luttent, en Israël et dans le monde, pour la reconnaissance d'un État palestinien, contre la colonisation, contre la détérioration de l'entité juive et sioniste qu'elle entraîne ? Sur toi qui, dans *Le Juif imaginaire,* avouais n'avoir jamais subi l'antisémitisme, rejaillit brutalement le refus d'un État juif en Palestine. En réalité, tu t'obstines à faire fond sur une analyse politique alors qu'il n'y a plus, dans l'opinion d'extrême gauche, la moindre approche réaliste vis-à-vis de cette nation, mais seulement un rejet radical.

Éric Conan, dans une enquête d'une incroyable lucidité, parue dans *L'Express* en 2002, évoquait Levinas racontant ce que lui disait son père lorsqu'ils étaient en Transylvanie : « Mon fils, un pays qui n'hésite pas à se diviser en deux, à désavouer son armée pour laver l'honneur blessé d'un petit officier juif, c'est un pays où il faut vite nous rendre. » Un tel rappel ne peut pas ne pas nous émouvoir profondément, mais ce n'est pas, me semble-t-il, de quelque souvenir ancestral d'avoir espéré être « heureux comme Dieu en France » que provient ton attachement originel à notre pays. De même teneur que ta fidélité à Israël, il révèle sans ambiguïté un souci de veiller sur une identité menacée, ici par une volonté obstinée de non-reconnaissance, là par des coups portés contre nos manières de vivre et nos institutions démocratiques. Tu tiens pour une exigence non négociable de continuer à te reconnaître dans ces deux petites nations, que le hasard de nos naissances a confiées à notre vigilance, de ne pas les réduire à leurs impuissances actuelles ou à l'injustice de leurs excès de pouvoir, mais d'embrasser chaleureusement l'une et l'autre dans la chronologie de leurs histoires respectives. Il n'y a là rien de barrésien, car, même aussi peu errant que toi, un juif qui a reçu ce que l'on sait en héritage ne peut pas, sauf à se ridiculiser, invoquer la terre et les morts ou le Grand Israël.

Je reviens nostalgiquement à cet « heureux comme Dieu en France ». Dans une perspective que je ne me hâterai pas de nommer *réalité* ou vérité, mais, modestement et fermement, *point de vue façonné par l'histoire à laquelle il m'est échu d'appartenir*, je pense, comme toi, qu'un bouleversement politique est en train d'advenir, particulièrement ruineux pour un État républicain qui a émancipé les juifs, et que ceux-ci ont contribué à construire. Après tout, la France n'est pas moins en dette vis-à-vis des juifs, compte tenu du passé abominable qui fut le leur sous le régime de Vichy, qu'à l'égard des populations anciennement colonisées. Or le fait que de nombreux juifs aient dû quitter leur lieu de résidence pour échapper à l'antisémitisme qui sévit dans trop de familles d'origine arabo-musulmane, et qui récupère, au service de la Palestine, les vieux clichés antijuifs d'extrême droite, m'apparaît comme un véritable scandale républicain. Et c'en est encore un autre que ces immondes anachronismes ne soient pas publiquement désavoués par une partie de la gauche et par toute l'extrême gauche, une telle démission ayant rendu suspect le combat pour la laïcité qui est notre seul rempart contre les confrontations de races, les conflits de religion et la guerre des sexes.

Après cette parenthèse douloureuse, j'en reviens à ma préoccupation pédagogique. De même que l'histoire juive en Palestine ne saurait passer sous silence certains massacres de civils palestiniens, Deir Yassin par exemple, de même le récit national français, porté par des professeurs de collège et de lycée, ne saurait seulement prendre l'allure d'une épopée, comme s'il y avait dans le devenir de la France un progrès continu de la civilisation. Il doit raconter aussi bien la Saint-Barthélemy, les dragonnades, l'esclavage, les exactions-expropriations-exploitations qui ont accompagné la colonisation, l'affaire Dreyfus, la collaboration de Vichy avec les nazis, la guerre d'Algérie, il doit transmettre en même temps l'admiration et la honte afin d'exercer tous les élèves, quelle que soit leur provenance, à une attitude de proximité et de distance. Tel pourrait être aujourd'hui ce « récit de formation », cet apprentissage d'un passé conflictuel et commun sans lequel les Français ne sauraient plus exister ensemble.

Malheureusement, l'éducation n'ose plus être nationale car la République française d'aujourd'hui a honte de cette idée de nation qui fut à son origine. Tu ne pourras jamais faire partager l'amour mystérieux, inquiet, orgueilleux que tu éprouves pour ce pays, cet attachement auquel la plupart des Français qui ont moins de quarante ans comme beaucoup des descendants des immigrés de pays anciennement colonisés ne comprennent rien. Mais ce que nous pourrions transmettre, en construisant un enseignement ni apologétique ni pénitentiel, c'est la considération de tous les élèves envers la continuité et les ruptures de notre histoire. Cela permettrait, grâce au savoir, une reconquête pacifique de ces adolescents qui ne se considèrent pas comme français, qui ne veulent pas entendre parler de l'histoire de ce pays qu'ils habitent et dont ils sont ou deviendront citoyens.

Face à la « diversité » qui nous advient plus visiblement que jadis, j'ai souvent attendu que tu différencies plus clairement le métissage culturel du métissage ethnique. Car enfin, Alain, celle avec qui tu parles à travers ces échanges est une sang-mêlé qui en sait long sur les difficultés que rencontrent les enfants issus de mariages mixtes mais qui ne saurait, sans se nier, accepter la moindre réticence quant aux unions entre des êtres de différentes origines ethniques et religieuses. On ne peut pas lutter à la fois contre l'endogamie propre aux communautarismes et refuser les syncrétismes culturels venant de ces compagnonnages exogamiques qui ont lieu communément, désormais, dans l'Europe démocratique. Ce mot de métissage, insupportable si l'on en use de manière péjorative, risible si on lui donne une connotation laudative et prescriptive, je trouve que tu l'emploies souvent d'une manière vague et imprudente.

Qu'entend-on du reste par métissage culturel ou par multiculturalisme ? À certains moments, je finis par me demander si un authentique croisement des cultures ne reste pas l'apanage des couches cultivées et n'est pas une chimère pour l'ensemble de la population qui, de part et d'autre, éprouve plutôt la situation sur le mode d'un choc des cultures. Dans ce qui m'apparaît de la réalité actuelle, aucun syncrétisme n'a cours, mais seulement la juxtaposition de communautés qui vivent repliées sur elles-mêmes tout en naviguant mondialement sur le Web.

Aussi provinciaux que nous nous rêvions, aussi attachés à la singularité de nos « régions » ou de nos pays d'origine que nous nous affirmions, peu d'entre nous échappent à la culture hors sol, à l'américanisation, à la désaffiliation et à l'exil de la mondialisation. On nous invite à batifoler dans la diversité alors que le processus d'abstraction et de généralisation suit son cours.

Élisabeth

Chère Élisabeth,

Comme tu le dis si justement et si amicalement, je m'affirme avec la même ferveur français et juif. Mais je dois tout de suite préciser que cette dualité en moi est récente. Je me suis senti juif avant de me reconnaître comme français. Enfant de rescapés, il ne pouvait être question pour moi de me désaffilier en passant ma judéité sous silence. Puisque tant des miens étaient morts *en tant que* juifs, je n'avais pas le droit de disparaître *comme* juif pour mieux me fondre dans la masse ou pour jouir sans entraves de ma liberté d'individu. « La voix prescriptive d'Auschwitz » me commandait la fidélité à mes origines. Je veillais donc scrupuleusement à ce que mon moi ne se réduisît pas à moi. J'étais juif, je le disais à qui voulait l'entendre et, en même temps, je devais bien constater que je ne l'étais pas : parce que je n'avais pas été élevé dans l'étude et l'observance et parce que nulle trace ne demeurait en moi du monde de la *Yiddishkeit* d'où venait mon père, mon affirmation ne reposait sur rien de solide. Je parlais en l'air, il n'y avait pas d'être dans mon « je suis ». J'attendais donc avec une inavouable impatience de souffrir de l'antisémitisme pour donner corps à cette identité fantomatique.

Après s'être longtemps fait désirer, ce mal m'est finalement tombé dessus. Mais je ne peux pas dire que mon vœu ait été exaucé, car rien ne se déroule comme prévu. Le scénario de l'offense déjoue les pronostics. Ce dont je dois répondre, ce n'est pas du fait d'être juif, c'est du fait de ne plus l'être et de me ranger, en gardant un lien avec Israël, dans le camp des bourreaux. Je préparais une réponse fulgurante au fasciste qui ne manquerait pas, un jour ou l'autre, de me traiter de « sale juif » et c'est au « sale pas-juif » du progressiste pétri de bonne conscience que je suis sans cesse confronté. Exemplaire est à cet égard l'article d'Edgar Morin, Danièle Sallenave et Sami Naïr publié par *Le Monde* lors de la deuxième Intifada : « Les juifs d'Israël, descendants des victimes d'un apartheid nommé ghetto, ghettoïsent les Palestiniens. Les juifs qui furent humiliés, méprisés, persécutés, humilient, méprisent, persécutent les Palestiniens. Les juifs qui furent victimes d'un ordre impitoyable imposent leur ordre impitoyable aux Palestiniens. Les juifs qui furent victimes de l'inhumanité montrent une terrible inhumanité. »

Comment réagir à cette haine d'autant plus affreuse qu'elle n'est pas déshonorée mais légitimée et même galvanisée par la mémoire régnante de l'hitlérisme ? Comme nous le faisons, toi et moi, inlassablement, avec nos pauvres moyens. En nous battant sur deux fronts. En défendant le projet sioniste contre les implantations juives en Cisjordanie qui le dénaturent et contre l'assimilation que Foucault jugeait déjà « ignominieuse » du sionisme à une forme de racisme. En rappelant avec Avi Shavit, l'auteur de *Ma terre promise*, qu'Israël est la seule nation occidentale qui occupe le territoire d'un autre peuple et la seule aussi qui est menacée dans son existence même. En ouvrant assez grands les yeux pour voir « le périmètre intérieur du conflit dans lequel un Goliath israélien se dresse au-dessus d'un David palestinien » et le « périmètre extérieur où un Goliath arabo-islamique se dresse au-dessus d'un David israélien ».

J'ai appris, à la lecture de Shavit, que Golda Meir, quand elle était Premier ministre d'Israël, avait donné au complexe atomique de Dimona le nom yiddish de *Varenye.* Les *varenye* étaient « ces bocaux de fruits en conserve que les juifs d'Europe de l'Est gardaient dans un placard pour les périodes troublées : si un pogrom éclatait, ils auraient de quoi nourrir leur famille jusqu'à ce que la colère passe. Quand l'ingénieur entrait dans son bureau pour faire son rapport sur l'état des choses à Dimona, le Premier ministre lui demandait : « *Nu* ? Quoi de neuf avec nos *varenye* ? » En quoi suis-je juif, malgré mon ignorance de la tradition et mon mode de vie de goy ? En cela peut-être que cette histoire m'émeut aux larmes.

Longtemps, en tout cas, le mot d'identité a été réservé pour moi à la question juive. Pour le reste, et notamment pour le pays où je suis né, je n'ai pas d'abord raisonné dans les termes de la nation mais dans ceux de la guerre civile des riches contre les pauvres, des propriétaires contre ceux qui ne possèdent rien, des bourgeois contre les prolétaires. Je ne me souviens pas d'avoir entendu, en Mai 1968, Cohn-Bendit déclarer : « Le drapeau tricolore est fait pour être déchiré, pour en faire un drapeau rouge. » Mais je sais qu'alors ces propos ne m'auraient pas choqué, que je les aurais même volontiers repris à mon compte tant j'étais convaincu que la nation (Israël excepté) était une fiction et que sa mensongère unité ne servait qu'à retarder la lutte finale.

À la fin des années 70, la dissidence antitotalitaire m'a réconcilié avec la démocratie. Mais je restais français sans y prendre garde et sans jamais songer à dire merci. L'idée de patrie me laissait froid. La France n'était encore pour moi qu'une carte d'identité. C'est à la lumière du danger qu'elle m'est enfin apparue pour ce qu'elle était, à savoir une identité plus substantielle, au bout du compte, que mon obsessionnelle et insaisissable judéité. Il a fallu que la nation commence à se défaire pour que je mesure ma dette à l'égard de sa langue, de sa littérature, de son histoire et de l'école qui m'en a fait don.

Le prédicat juif me hante, le prédicat français me constitue : voilà la réalité dont j'ai tardé à prendre conscience. Et ce qui a éveillé mon patriotisme, ce ne sont pas seulement « les coups portés contre nos manières de vivre et nos institutions », c'est le refus de plus en plus répandu de les assumer et de les défendre. Les apôtres omniprésents de la diversité et de l'ouverture à l'Autre ne choisissent pas d'enseigner le récit national en transmettant, comme tu le demandes, « et l'admiration et la honte ». Ce qu'ils veulent, c'est pulvériser ce récit afin d'épargner aux Français de fraîche date l'épreuve humiliante de l'assimilation. L'hospitalité bien comprise implique, selon eux, que la France ne soit plus une nation, mais une auberge espagnole, c'est-à-dire une société exclusivement définie par la multiplicité actuelle de ses composantes. « Mohammed est un prénom français », « le voile islamique est une tenue française », proclame Marwan Muhammad, le très actif directeur du Collectif contre l'islamophobie en France. Et le conseiller d'État Thierry Tuot, qui a écrit le rapport au Premier ministre intitulé *La Grande Nation : pour une société inclusive*, lui fait écho en proposant de tourner la page de l'intégration qui « mène des populations mal définies sur un parcours incertain pour rejoindre on ne sait quoi », et en fustigeant « la célébration angoissée du passé révolu d'une France chevrotante et confite dans des traditions imaginaires ». Ce dédain ne me révulse pas moins que la détestation d'Israël, car, comme tu l'écris mieux que je ne saurais le faire, je tiens pour « une exigence non négociable de continuer à me reconnaître dans ces deux petites nations que nos naissances ont confiées à notre vigilance ». Résultat : je suis, aux yeux de ceux qui font aujourd'hui profession d'antiracisme, *deux fois* fautif, *deux fois* criminel. Et on ne me l'envoie pas dire.

Ayant appris fin 2015 qu'Alain Badiou allait publier une adresse à la jeunesse sous le titre *La Vraie Vie*, je l'ai invité à mon émission *Répliques*. Son acceptation me semblait aller de soi : il était déjà venu, nous avions à notre actif un livre d'entretiens : *L'Explication*, il me gratifiait dans ses dédicaces du titre glorieux d'« adversaire numéro 1 ». D'où ma stupeur devant la lettre ouverte par laquelle il motivait son refus : « Lors des discussions, publiques et publiées, que nous avons eues naguère, je vous avais mis en garde contre le glissement progressif de votre position, et singulièrement de votre crispation identitaire (...) du côté d'un discours qui deviendrait indiscernable de celui des extrêmes droites de toujours. C'est évidemment le pas que, malgré mes conseils éclairés, vous avez franchi avec le volume *L'Identité malheureuse* et le devenir central, dans votre pensée, du concept proprement néonazi d'État ethnique. » Peu importe le numéro tatoué à l'avant-bras de mon père. Me voici affublé de la croix gammée parce que je ne donne pas à « Français » une signification exclusivement administrative. Et il y a pire encore : Israël. Ce qui me rend définitivement infréquentable, ce qui me met, sans espoir de retour, hors humanité, c'est mon soutien à cet « État colonial » car, par ce choix funeste, dit Badiou, je prends « le honteux relais de l'antisémitisme racialiste ». Tu as bien lu : le sionisme n'est pas seulement une forme de racisme, il est, pour ce philosophe qui s'enorgueillit d'avoir médité le XXe siècle, l'avatar contemporain du monstre antisémite lui-même. Et Badiou n'est pas seul. Quelques mois après son abominable diatribe, j'ai été chassé comme un malpropre de la place de la République par les manifestants de Nuit debout et Frédéric Lordon, l'un des principaux inspirateurs de cette agora nocturne, a justifié mon expulsion en disant que j'étais « un des porte-parole les plus notoires de la violence raciste identitaire ».

Je ne te rapporte pas ces petites mésaventures pour susciter ta compassion, mais parce qu'elles révèlent, à travers ma personne, l'existence d'un nouveau trait d'union entre les juifs et la France. Le franco-judaïsme originel faisait de 1789 une seconde sortie d'Égypte et il célébrait la convergence de l'idéal républicain avec le message biblique. « La révolution, disait James Darmesteter, met fin à l'histoire matérielle du peuple juif, ouvre une ère nouvelle et étrange dans l'histoire de la pensée. Pour la première fois, cette pensée se trouve en accord et non plus en lutte avec la conscience de l'humanité. » En France, observe-t-il, se construit une société que le judaïsme a toujours appelée de ses vœux : « Le langage de Jérusalem est celui du monde moderne. » Cet optimisme historique n'a pas survécu à Auschwitz. Rien n'est acquis. Nous ne pouvons plus dire que nous vivons à l'ère des accomplissements messianiques ni que la France en est la terre d'élection. Mais une autre intrigue se noue : dans les quartiers dits « sensibles », les Juifs et les « Gaulois » sont désignés comme les coupables de tous les maux et, loin de trouver à redire à cette double vindicte, la gauche de combat lui délivre un certificat de progressisme et d'antiracisme. L'identité juive et l'identité française se retrouvent ainsi dans le même bateau. Ce bateau, cette galère, c'est *notre* franco-judaïsme : non plus promesse exaltante mais détresse partagée, non plus communauté de valeurs mais communauté de destin. Et je pense, le cœur serré, au héros de *Soumission*, le dernier roman de Michel Houellebecq. Sa petite amie Myriam, n'y tenant plus, décide de faire son aliyah. Il la laisse partir en soupirant : « Moi, je n'ai pas d'Israël. »

Alain

Cher Alain,

Ta dernière lettre m'a été droit au cœur, car elle nous rappelle à ce qui fonde notre amitié. Alors pourquoi nous disputons-nous sans fin ? Je crois que beaucoup de nos désaccords s'enchaînent à partir de la question : comment concilier le courage et la prudence ? Tu es courageux, sans aucun doute, mais je déplore souvent ce que j'appellerai provisoirement ton *imprudence*. Tu considères peut-être que je manque de cohérence dans les jugements que je porte sur tes écrits et tes interventions, puisque, dans certains cas, je te reproche de tenir des propos de rupture alors que, dans d'autres, c'est cela même que j'admire. Je pense à l'enthousiasme, par exemple, que j'ai manifesté après l'une de tes émissions, dans laquelle tu avais choisi de parler négativement de la réaction du gouvernement israélien et donc du

CRIF à l'abstention américaine, lors de la résolution 2334, condamnant la colonisation, prise en décembre dernier au Conseil de sécurité de l'ONU. Tu as fait l'éloge du discours de John Kerry, que tu as décrit comme profondément inquiet de l'attitude palestinienne et en même temps critique de ce que toi-même as appelé le nihilisme de Netanyahou. Tu as ajouté qu'il ne fallait pas prendre ce veto comme une marque d'hostilité, mais comme l'occasion que devait saisir le gouvernement israélien de changer de politique.

Tu n'as pas eu peur de tenir ces propos sur une radio juive et de courir le risque d'être désavoué et désaimé par beaucoup de ceux qui t'écoutaient. Mais je ne crois justement pas qu'en cette occurrence tu aies été imprudent, car, tout en mettant en péril ton image, tu tenais là une position dialectiquement construite, n'en continuant pas moins à éprouver, je le sais, cet amour pour les siens dont Scholem faisait grief à Hannah Arendt de ne rien connaître.

Peut-être n'est-ce pas tant la prudence, vertu intellectuelle permettant de faire face à la démesure, que j'aurais attendue de toi, car cette prudence-là, les critiques que tu fais de la quête contemporaine de l'illimité prouvent que tu n'en manques aucunement, je dirais même que tu en regorges. Alors, quelle est la sorte de prudence dont je juge qu'elle te fait défaut ? Au fond, je me rends compte que ce mot ne convient pas. Il s'agirait plutôt ici de ce que je nommerai un manque de doigté. T'es-tu jamais demandé comment dire ce qui s'impose à toi comme une évidence, afin de le faire mieux comprendre à ceux qui ne te sont pas acquis ? Tu vas droit au but, il y a en toi un refus implacable de sacrifier quoi que ce soit de ton message au souci de ne pas froisser des sensibilités, si bien qu'on se bouche les oreilles, ou alors on t'insulte.

Jusqu'à nouvel ordre, les risques que tu cours sont ceux d'un écrivain ou d'un essayiste publiant dans un État de droit. Mais, justement, le contexte démocratique dans lequel tu fais l'expérience d'une guerre civile, celui de l'écriture et de la parole, devrait t'engager à veiller sur l'opportunité de tes écrits et de tes interventions comme sur la manière de mettre en discours, voire en scène, tes prises de position. Ce n'est pas que je te demande de dissimuler ton visage à la manière de ces philosophes du XVIIe siècle qui pouvaient à juste titre redouter de subir le sort de Galilée, comme Descartes et son *larvatus prodeo*, je m'avance masqué, ou Spinoza et son *Caute*, prends garde ! Et les subtiles analyses de Leo Strauss dans *La Persécution et l'Art d'écrire* ne sont pas non plus de saison, pour le moment du moins, encore que son injonction d'« écrire entre les lignes » me semble d'une pertinence valant par tous les temps. Mais les menaces qui pèsent sur ceux qui s'exceptent de la bien-pensance de la gauche et de ses relais dans la presse devraient être, me semble-t-il, dénoncées à nouveaux frais.

Ta passion de penser loin de la multitude et une confiance inébranlable dans ton jugement font que tu laisses prospérer dans ta sphère d'influence des propos qui apparaissent comme proches des tiens. Les divergences fondamentales qui font toute la différence entre toi et ces voisins indésirables, tu ne cherches en effet pas à les relever, on dirait que tu laisses libre cours, avec une indifférence pleine de morgue, à ces alliances qui te sont immanquablement imputées. J'y reviens une fois de plus : tu ne cherches pas à savoir si ce que tu tiens pour la vérité n'est pas altéré par sa coïncidence, parfois, avec des discours d'extrême droite et jamais tu ne t'arrêtes pour te demander : avec qui suis-je en train de dire ce que je dis là ? Il me semble qu'il y a trop de défi et une certaine inconscience dans ta manière d'aller et venir à la hussarde dans un espace idéologique qui ressemble de plus en plus à un terrain miné.

Je me demande si ce n'est pas l'imagination de l'autre qui te fait défaut quand, dans ton bonheur, dans ta fierté d'avoir presque tout reçu de nos maîtres et de notre histoire, tu refuses d'hériter aussi des péchés mortels de la chrétienté, de l'Occident, de la France. Permets-moi l'usage de ce syntagme, *péché mortel*, devenu obsolète pour les catholiques mêmes. Si j'y recours, c'est que je reste marquée par la parole d'un aumônier du lycée Janson de Sailly, qui, en 1954, nous citait ce mot de Mauriac : « En Algérie, la France est en état de péché mortel. » Ce n'est pas que je te reproche vraiment d'être européo-centré, Alain, je dirais à l'inverse que nous ne le sommes jamais plus caricaturalement que lorsque nous nous abandonnons avec complaisance aux forces centrifuges pour nous tourner dans toutes les directions à la fois, sous prétexte de pluralisme et de multiculturalisme. Mais j'ai du mal à comprendre comment tu n'es pas saisi d'effroi devant la profonde ambiguïté de notre passé national.

Je crois en effet qu'il nous appartient, en veillant sur ce que tu veux aujourd'hui nommer notre civilisation plutôt que notre identité, de conserver un quant-à-soi démocratique face à certaines provocations tant de l'extrême gauche que de l'extrême droite. Or le raffinement de ton écriture et la force percutante de tes figures de style peuvent heurter avec une grande violence certains lecteurs, à commencer par moi-même. Peut-être est-ce du reste dans cette totale maîtrise de la forme que se cache ta plus grande *imprudence*.

Élisabeth

Chère Élisabeth,

Comme Emmanuel Berl, « je n'écris pas pour dire ce que je pense, mais pour le savoir ». Une fois qu'à force de tâtonnements, de ratures et d'insomnies, cet objectif me paraît atteint, je l'expose et je m'expose sans compromis ni calcul. Il m'arrive alors d'être sévèrement mis en cause et soupçonné des pires accointances. Je tiens bon, mais ce serait me payer de mots que d'en tirer gloire et de me féliciter de mon courage, car dans la guerre civile verbale que tend à redevenir le débat intellectuel après la courte accalmie du moment antitotalitaire, je ne risque pas ma peau. « Le secret d'une vie, a écrit Sartre, ce n'est pas son complexe d'Œdipe, c'est son pouvoir de résistance au supplice et à la mort. » Ce secret-là, je mourrai, sans doute, en l'ignorant. Je n'ai jamais mené que des batailles métaphoriques. Je n'ai jamais résisté qu'à l'air du temps. En ce sens, et tant mieux pour moi, je ne sais toujours pas qui je suis ni ce que je vaux.

Pas plus que le mot gratifiant de courage je n'accepte celui – réprobateur – d'imprudence que ta tendre inquiétude applique à mes engagements. Car ma mémoire, Élisabeth, ne se limite pas aux événements que j'ai vécus. Si je me fous royalement d'être récupéré par l'extrême droite, d'être identifié à des penseurs mal-famés ou d'être accusé de faire le jeu du Front national quand je m'efforce de comprendre le présent, ce n'est pas par une indifférence pleine de morgue au jugement d'autrui, c'est parce que, dans les années cinquante du XXe siècle, quiconque se risquait à dévoiler la réalité concentrationnaire du communisme devenait aussitôt, pour l'intelligentsia progressiste qui tenait le haut du pavé, un suppôt de l'impérialisme, voire du fascisme renaissant. La confiance inébranlable dans le mouvement de l'histoire et la féroce morgue du Bien invalidaient tous les témoignages. Quand Czesław Miłosz a quitté la Pologne stalinienne en 1951 et qu'il s'est installé à Paris, il a été présenté dans la presse comme un bourgeois repu fuyant sa patrie socialiste. On ne l'invitait nulle part. On le traitait comme un pestiféré. On coupait tous les ponts avec ce « pécheur contre l'avenir ». Seul Camus lui a tendu une main fraternelle. Le même Camus, un an plus tard, subissait un sort analogue après la publication de *L'Homme révolté*. Parmi les chefs d'inculpation retenus contre lui, il y avait le bon accueil fait à son livre dans les journaux de droite. Et comme je te l'ai dit dans ma première lettre, sa réponse est devenue mon viatique : « On ne décide pas de la vérité d'une pensée selon qu'elle est à droite ou à gauche et moins encore selon ce que la droite et la gauche décident d'en faire. »

Ce qui me vaut de cohabiter depuis quelques années sur les listes noires de l'antifascisme et de l'antiracisme avec des voisins peu recommandables, c'est de ne pas faire le procès de la xénophobie française chaque fois qu'une école brûle ou qu'un policier est agressé, mais d'avoir mis ma montre à l'heure et de corroborer le diagnostic d'Élisabeth Badinter : « Une seconde société s'impose insidieusement au sein de notre République, tournant le dos à celle-ci, visant explicitement le séparatisme, voire la sécession. » Si je m'arrêtais pour me demander : « Qu'est-ce que je suis en train de dire là ? » et si cette interrogation me conduisait à censurer ou à euphémiser mon discours, ce serait pain bénit pour ceux dont tu redoutes par-dessus tout la montée en puissance : ils seraient la seule alternative au déni et, le sens commun leur revenant en héritage, rien et surtout pas les anathèmes ne freinerait leur ascension.

Mon imprudence consiste aussi, selon toi, à passer par pertes et profits les « péchés mortels » de la civilisation dans laquelle j'aime à m'inscrire. Je ne crois pas non plus mériter ce reproche. Loin de moi l'idée de répondre à la fureur expiatoire des nouveaux historiens par le panégyrique béat de la grandeur nationale ou européenne. Montaigne, Las Casas, Montesquieu, Lévi-Strauss m'ont appris les vertus de la distance critique, et je pense avec Octavio Paz que, si cette tradition venait à disparaître, « nos sociétés cesseraient d'être ce dialogue avec elles-mêmes sans quoi il n'y a pas de véritable civilisation et se convertiraient en un monologue, à la fois barbare et monotone, du pouvoir ».

Mais dans le magnifique article sur Jean-Paul Sartre d'où sont extraites ces lignes, Paz nous met en garde contre la perversion de la critique en « masochisme moralisateur ». Hélas, il n'a pas été entendu. Ce masochisme dont Sartre a donné l'exemple en se battant la coulpe à tort et à travers sévit plus que jamais et il offre au ressentiment contre la France d'un nombre grandissant de ses citoyens l'alibi de l'anti-colonialisme. Je suis autant que toi sensible à l'équivocité de notre passé et je ne cède à aucune simplification historique, mais ce qui jette de l'huile sur le feu, c'est la constitution par l'histoire telle que maintenant on l'enseigne d'*ayants-droit de la haine*.

Le marasme actuel de l'Algérie n'est pas imputable au régime colonial et la France n'est nullement coupable de la francophobie qu'elle héberge. Voilà ce qu'il faut avoir la lucidité de reconnaître et de dire. Seul cet exercice de vérité peut stopper le processus de désintégration mis au jour par Élisabeth Badinter. Et tu as absolument raison : l'idéologie multiculturaliste défigure l'européisme dont nous nous réclamons tous les deux. Ses apôtres s'emploient d'abord à rabattre le caquet d'un Occident qui croit pouvoir se confondre avec l'universel en lui rappelant l'existence et la dignité d'autres façons d'être, d'autres modes de vie, d'autres cultures. Et, dans un second temps, ils clouent au pilori ceux qui relèvent les traits négatifs de ces cultures comme, par exemple, l'oppression des femmes. Dire avec le psychanalyste tunisien Fethi Benslama, que cette oppression « organise dans l'ensemble de la société l'inégalité, la haine de l'altérité, la violence ordonnée par le pouvoir mâle », c'est tomber dans l'« essentialisme » et alimenter les préjugés islamophobes. Les néo-féministes, impitoyables envers ce qui subsiste de galanterie dans la conversation française, ont tellement peur d'être prises en flagrant délit d'arrogance coloniale qu'elles refusent d'examiner les causes endogènes de la misogynie sans phrase qui sévit dans les quartiers « populaires », quand elles ne choisissent pas purement et simplement de détourner le regard.

Bref, les autres cultures, les cultures de l'Autre n'ont jamais à répondre de rien. Leur éventuelle violence est une contre-violence, une réponse à l'humiliation dont leurs héritiers portent la trace et qu'ils continuent à subir, un produit dérivé des « péchés mortels de la chrétienté, de l'Occident, de la France ». Et si les plus misérables de ces dominés choisissent la voie du terrorisme, c'est, à en croire l'islamologue François Burgat, parce que, n'étant pas considérés comme des sujets à part entière, ils n'ont d'autre recours que de devenir des sujets entièrement à part. Ainsi, l'Occident est remis sur son trône et même doté de l'attribut divin de l'omnipotence par ceux qui se targuent de lui avoir infligé une blessure narcissique salutaire. Tout procède de lui, disent-ils. Ethnocentrisme de la mauvaise conscience, mégalomanie du masochisme moralisateur.

Je me garde, pour ma part, de caractériser l'Europe par des superlatifs. L'Europe n'est ni la culture la plus admirable, ni la plus criminelle. Elle est, selon l'expression d'Éric Weil, « la tradition qui ne se satisfait pas de la tradition » et le principal grief que j'adresse au multiculturalisme, c'est de faire de cette aptitude à se mettre en question une prérogative exclusivement européenne en enfermant les musulmans dans la posture de la victime.

Une bonne nouvelle, pour finir : j'ai dit, l'autre jour à la radio, que Donald Trump, ce monstre d'ignorance, cette négation en actes de la décence commune, ce Rambo gonflé à la testostérone tout content d'exhiber ses robinets en or, n'était pas le champion de la civilisation occidentale, mais sa caricature, qu'il ne résistait pas à ses ennemis, mais faisait honte à ses défenseurs. Quel rapport entre l'occidentalité définie et brandie par Kundera dans son article de 1984 : « Un Occident kidnappé : la tragédie de l'Europe centrale » et le nouveau président des

États-Unis d'Amérique ? Trump, c'est, en guise de civilisation, l'avidité sans limite, « la passion fatale des richesses soudaines », la destruction de toutes les valeurs autres que celle de l'argent. Conséquence immédiate de ce haut-le-cœur : les sites de la « fachosphère » se déchaînent contre moi. Occidental à la manière de Kundera et non à celle de Trump, je ne suis plus un allié providentiel, je suis une « planche pourrie ». La recrue inespérée devient l'homme à abattre. Je me réjouis de cette clarification, mais surtout de l'avoir obtenue en ne déviant pas de la ligne de conduite qui a été la mienne depuis que j'ai fait le choix douloureux d'écrire : voir ce que je vois et trouver ce que je pense, sans jamais sacrifier le souci de la vérité à la sauvegarde de mon image.

Alain

Cher Alain,

L'indifférence, au risque d'être récupéré par l'extrême droite, que tu affiches dans ta dernière lettre m'inquiète tellement que j'y reviendrai longuement plus tard. Par ailleurs, ce que tu m'as écrit me touche par sa sincérité et sa *part de vérité*. Quant à la citation que tu fais d'Éric Weil, « L'Europe, c'est la tradition qui ne se satisfait pas de la tradition », elle me console d'une référence qui m'a choquée à Emmanuel Berl, munichois et rédacteur de deux discours de Pétain. Nous en sommes donc d'accord, si nous parlons, toi avec ferveur, moi avec inquiétude, d'identité française et d'histoire nationale, ce n'est pas par quelque souci méthodologique – nous ne sommes pas historiens –, c'est que nous nous soucions d'instruction *publique*, d'éducation *nationale*, n'acceptant pas de renoncer à cet adjectif sous prétexte que certaines de nos classes sont fréquentées massivement par des enfants, des adolescents, français ou non, d'origine arabe ou subsaharienne et de religion musulmane. Je pense, tu le sais, que si ces élèves – et leurs parents – doivent faire des pas vers l'acceptation de la persévération française et républicaine qui sous-tend notre histoire, nous devons, nous aussi qui nous sentons les légataires d'un patrimoine, aller vers eux, vers leur délaissement, leur attachement désespéré à leur différence, leur ressentiment traduit en soutien à l'islamisme et en droit à la haine des Blancs, de la France, des chrétiens et des juifs.

L'urgence, pour mettre fin à cette discorde, grosse de guerre civile, est en priorité, me semble-t-il, de décider quels enseignements de l'histoire et de la littérature permettraient de respecter à la fois ceux qui héritent ou veulent hériter et ceux qui refusent l'intégration de leur histoire familiale à un récit centré sur la France. Certains d'entre nous qui ont perdu, avec la complicité du gouvernement de Vichy, une partie de leur famille dans les centres nazis de mise à mort devraient pouvoir mieux comprendre ce dont il s'agit, puisque, tout en sachant que l'*État français* ne fait pas partie de l'histoire de la République, ils ne peuvent s'empêcher de songer que la collaboration appartient tout de même à l'histoire de la France. Crois bien que je ne me risque pas ici à la moindre analogie, mais que je médite sur des moments de déshonneur que je n'arrive pas à considérer comme des accidents.

Comment ne pas rappeler qu'en 1931 Valéry écrivait ces lignes trop souvent reproduites et commentées ? « L'Histoire est le produit le plus dangereux que la chimie de l'intellect ait élaboré. Ses propriétés sont bien connues. Il fait rêver, il enivre les peuples, leur engendre de faux souvenirs, exagère leurs réflexes, entretient leurs vieilles plaies, les tourmente dans leur repos, les conduit au délire des grandeurs ou à celui de la persécution, et rend les nations amères, superbes, insupportables et vaines. » Ces lignes s'adressent en même temps aux tenants du roman national et à leurs adversaires, qui, rapportant systématiquement *notre* histoire à des ailleurs lointains et méconnus, veulent démanteler définitivement la croyance à la belle continuité, souvent brisée mais toujours renouée, du devenir de la France, et raillent cette prétendue subjectivité séculairement présente à elle-même. Le problème de l'identité nationale, disait Fernand Braudel, réside dans l'accord ou le désaccord avec des réalités profondes, le fait d'être attentif ou de ne l'être pas à ces réalités et d'avoir ou non une politique qui en tienne compte, qui essaie de modifier ce qui est modifiable, de conserver ce qui doit l'être. La mort de Braudel a laissé inachevé son livre sur l'identité de la France, comme reste inachevée et toujours à inventer l'histoire de quelque chose comme l'identité française.

Alors, parlons, si tu veux bien, de Patrick Boucheron et de la séduction qu'exerce sa réflexion quant à « ce que peut l'histoire ». Je me sens très partagée entre une adhésion théorique à sa présentation de la discontinuité historique et un rejet politique de ce qu'il entend en faire. Je transcris la fin, qui me plaît beaucoup, de sa leçon inaugurale au Collège de France. « Nous avons besoin d'histoire car il nous faut du repos. Une halte pour reposer la conscience, pour que demeure la possibilité d'une conscience, non pas seulement le siège d'une pensée, mais d'une raison pratique, donnant toute latitude d'agir. Sauver le passé, sauver le temps de la frénésie du présent (...). » Paradoxalement, ces mots pourraient trouver un écho chez toi en ce qu'ils semblent vraiment n'annoncer ni son vibrant éloge de Nuit debout, ni son *Histoire mondiale de la France.*

Son projet, dirigé contre l'idéologie du roman national, est de fracturer, de rendre discontinue l'histoire de France, de n'en présenter que des événements-fragments, significatifs d'une ouverture sur le reste du monde ou de l'irruption en elle d'autres civilisations. Il est aussi de concilier l'art du récit et l'exigence critique, de bâtir une intrigue à partir de 146 dates familières ou méconnues. Ce qui me frappe dans sa préface à *Histoire mondiale de la France*, c'est le recours à deux de ses grands prédécesseurs, Michelet et Lucien Febvre. Il utilise Michelet comme à contre-emploi, puisqu'il met son entreprise de décentrement sous la protection d'une phrase, extraite de l'introduction à *L'Histoire universelle* : « Ce ne serait pas trop de l'histoire du monde pour expliquer la France. » Comment ne retrouve-t-il pas plutôt dans cette exclamation le patriotisme dont Michelet s'est fait le splendide messager ? Comment peut-on retourner le sens d'une telle phrase jusqu'à en faire la devise d'une histoire susceptible de briser la narration linéaire et orientée qu'est le récit national ? Mais la visée de ce recours se découvre plus subtile, puisque l'éloge de Michelet est rapporté par Boucheron à la lecture courageuse que faisait de lui Lucien Febvre en mars 1944 : « Il a chassé la race de notre histoire », et qu'il se trouve d'autre part rattaché au titre militant donné par l'éditeur à un écrit posthume de Febvre, *Nous sommes des sangs-mêlés*.

Et ici, je reviens à Marc Bloch, qui me semble à la fois présent et absent dans cette généalogie historienne. Certes, Boucheron n'a pas manqué de parler de lui, comme de ses autres prédécesseurs, dans sa *Leçon inaugurale au Collège de France*, mais, par sa volonté d'œuvrer au discrédit des historiens, non universitaires et médiatisés, qui se font les narrateurs de la continuité française, une stratégie se construit savamment en vue d'éluder pour la récuser une phrase de Marc Bloch qui fut profanée, il faut le redire, par l'instrumentalisation qu'en ont faite les promoteurs officiels de l'identité française. Boucheron, qui n'a pas jugé bon d'accorder une place à l'Appel du 18-Juin dans son *Histoire mondiale de la France,* passe sous silence ce cri : « Il est deux catégories de Français qui ne comprendront jamais l'histoire de France, ceux qui refusent de vibrer au souvenir du sacre de Reims ; ceux qui lisent sans émotion le récit de la fête de la Fédération. » Et ce, afin de mieux remettre à sa place, dérisoire selon lui dans l'histoire mondiale, la croyance à une continuité nationale susceptible de résister à la rupture entre l'Ancien Régime et la Révolution comme à la trahison vichyssoise. Pour rendre criminellement identitaire cette profession de foi, nous sommes donc invités à méconnaître le contexte historique de son énonciation, à savoir que Lucien Febvre a continué de faire paraître *Les Annales* pendant les années d'Occupation, en forçant le consentement de l'autre fondateur de la revue, Marc Bloch, Français juif dénaturalisé, qui a continué sans doute à y signer des articles sous un pseudonyme, mais qui, avant d'être fusillé pour faits de résistance, écrivait *Une étrange défaite*, d'où est extraite cette phrase inoubliable.

La critique que j'adresserai finalement à l'*Histoire mondiale de la France*, c'est qu'elle tend, en consignant une succession d'événements disparates, à plaquer sur le devenir proprement historique une discontinuité faite d'imprévisibles accidents de parcours, de ruptures et d'émergences, dont l'histoire naturelle darwinienne et la théorie synthétique de l'évolution nous fournissent le modèle. Je pense à l'inverse qu'on ne doit pas dissocier l'histoire des hommes des lieux de mémoire qui assurent un minimum de continuité politique à leur pays ou à leur continent – et je pense évidemment à l'admirable livre coordonné par Pierre Nora –, car c'est peut-être ainsi qu'on peut susciter de nouveaux lieux de mémoire qui soient les assises d'autres remémorations.

Il n'est pas question de se dérober à la reconnaissance de forces étrangères déterminantes dans l'histoire de la France, de se laisser aller à l'ethnocentrisme, de dénier la responsabilité parfois criminelle de « l'homme blanc ». Ce qui ne doit pas mener à la qualification de la colonisation comme crime contre l'humanité, à la reprise moralisatrice de la sotte opposition entre le moisi et l'ouvert et à un multiculturalisme fabriqué pour séduire électoralement les représentants de la « diversité ». Et je récuse le doute malveillant quant à une persévération de l'existence française dans quelque chose que je nommerai son *être,* sans craindre d'encourir ce reproche à tout faire, celui d'essentialisation.

J'ajouterai, dans un mouvement d'humeur, que, lorsque les *Éditions sociales* donnaient à lire, dans les années 70, une histoire en dix tomes de la littérature française, la prise en compte par les auteurs de l'histoire sociale et de celle, universelle, des techniques et des voyages indiquait des tracés inattendus d'événements, des croisements surprenants de dates, des mises en relation inédites de différentes cultures, des réseaux qui sous-tendaient des territoires de pensée. Cela donnait, me semble-t-il, une plus adéquate tournure à la *discontinuité* et au décentrement : elle n'empêchait pas en tout cas de prendre les écrivains au sérieux de leurs écritures. Je dirai enfin que « l'art du roman », en l'occurrence l'admirable *Boussole* de Mathias Énard, nous aura, mieux que ces travaux théoriques à visée idéologique, permis de replacer le Proche-Orient au cœur, sinon au centre de la culture musicale et littéraire de l'Occident.

Élisabeth

Chère Élisabeth,

Jamais, depuis le début de notre correspondance, je ne me suis senti aussi proche de toi. Tu exprimes avec un tact que je t'envie notre refus commun, nous qui « nous sentons les légataires d'un patrimoine », de renoncer, sous prétexte que le public des classes a changé, à l'objectif d'« instruction publique, d'éducation, d'éducation nationale ». Et, en même temps, tu trouves le moyen de me faire sortir de mes gonds en te disant « choquée » par ma référence à Emmanuel Berl, « munichois et rédacteur de deux discours de Pétain ».

On n'aurait donc pas le droit de citer cet auteur. Il émanerait de toutes ses œuvres, de toutes ses réflexions, de toutes ses phrases un obsédant parfum de collaboration et j'aurais imprudemment baissé la garde en reprenant à mon compte le paradoxe qu'il a si élégamment formulé : « Je n'écris pas pour dire ce que je pense mais pour le savoir. » Peu importe la finesse du propos : cette sentence est souillée selon toi par sa signature. Irais-tu jusqu'à dire que les admirateurs de *Sylvia*, de *Rachel et autres grâces*, ou de *Présence des morts* sont coupables de complaisance ? Faut-il faire honte à ceux qui considèrent Berl comme un grand écrivain mineur et qui se passionnent pour sa dispute homérique avec Proust au sujet de l'amour ? Et Modiano alors ? L'auteur de *Dora Bruder* doit-il être mis à l'index parce qu'il a réalisé avec Berl, à la toute fin de sa vie, un livre d'entretiens fervent et minutieux ? Si tu avais consenti à ouvrir cet *Interrogatoire*, tu aurais compris que le pacifisme de Berl était la réaction viscérale d'un soldat de 1914 « pour qui la guerre est quelque chose de répugnant qui consiste à rester dans des tranchées avec des rats qui vous courent dessus ». Si tu avais prolongé cette lecture par celle de *La Fin de la IIIe République*, tu saurais aussi que son « crime rédactionnel » consiste à avoir réécrit et corrigé le deuxième et le troisième discours de Pétain à Bordeaux, sur la demande d'un membre du gouvernement que les socialistes n'avaient pas encore quitté et avec lequel Paul Reynaud lui-même n'avait pas encore rompu. Tu saurais que les rapports « restreints et lâches » qu'il entretenait avec le nouveau pouvoir ont pris fin dès son installation à Vichy. Tu saurais que, bien qu'ayant fait dire au Maréchal : « La terre, elle au moins, ne ment pas » et « ces mensonges qui nous ont fait tant de mal » il voyait dans la Révolution nationale « une inquiétante et grotesque bouffonnerie » et qu'il s'est replié à Cannes *en juillet 1940*. Les juifs, dont il était sans jamais avoir songé à renier cette appartenance, y accouraient alors en grand nombre : « C'était l'époque où Tristan Bernard disait : Kahn, Alpes-Maritimes. » Puis, l'été 1941, il est parti se cacher en Corrèze.

Je n'aime pas les procès rétrospectifs, car, forts de ce qu'ils savent, les juges qui les intentent oublient le grand avertissement de Kundera : « Les hommes avancent dans leur vie comme dans le brouillard. » Mais je ne veux pas non plus faire de ce brouillard une nuit où tous les chats sont gris. Il y a des fautes impardonnables. L'affligeante et très éphémère compromission d'Emmanuel Berl n'entre pas dans cette catégorie. Tu es injuste avec lui et ton offuscation me laisse pantois.

Notre amitié, décidément, n'est pas faite pour l'idylle.

Venons-en maintenant à ce qui nous requiert, l'ouvrage collectif dirigé par Patrick Boucheron : *Histoire mondiale de la France*. Ses auteurs prétendent s'affranchir de l'actualité politico-médiatique. Mais ils font l'inverse : ils lui annexent l'histoire. Ils ne sauvent pas le passé de la frénésie du présent. Ils remodèlent le passé en fonction de leur frénésie présente. Ces grands opposants à la dictature du journalisme sur la vie de l'esprit se révèlent être des obsédés de l'immédiat. Ils mettent, avec une détermination sans faille, leurs enquêtes savantes au service de l'esprit du temps. Sous l'enseigne de la connaissance, ils mènent une bataille de part en part idéologique contre ce que Patrick Boucheron appelle dans sa leçon inaugurale au Collège de France « la déplorable régression identitaire qui poisse notre contemporanéité ». Et ils n'y vont pas de main morte. Leur travail vise à en finir avec toute « émotion d'appartenance » et à démontrer que la France n'est pas un sujet historique. Ils ne reviennent à la chronologie que pour l'éparpiller dans le temps. Leurs dates ne jalonnent pas l'histoire, elles la réduisent en miettes. Ce qui nous est présenté en guise de nation, ce n'est plus, selon la fameuse définition d'Ernest Renan, « un héritage de gloires et de regrets à partager », c'est, comme le note avec délectation le chroniqueur du livre dans *L'Obs* : « une succession d'aléas, un fatras doux et violent, une vaste aventure collective sans signification particulière ». De la littérature qui a si puissamment contribué à forger l'âme française l'ouvrage ne fait quasiment pas mention. Il gomme les *Fables* de La Fontaine apprises de génération en génération et s'il traite de Descartes, c'est afin de l'arracher au « génie national » et de montrer qu'il fut, avant tout, un philosophe itinérant.

Pour expliquer cet acharnement contre ce que Ortega y Gasset appelle « le droit fondamental de l'homme à la continuité », pour comprendre les raisons qui conduisent des historiens *of all people* à oublier que « l'homme n'est jamais un premier homme et qu'il ne peut vivre qu'à un certain niveau de passé accumulé », il faut revenir à la polémique suscitée en 2008 par le livre de Sylvain Gouguenheim *Aristote au mont Saint-Michel*. L'auteur, historien réputé, professeur à l'École normale supérieure de Lyon, se proposait de démontrer que la thèse la plus couramment répandue sur la transmission du savoir grec à l'Europe médiévale exagérait le rôle de l'islam et sous-estimait celui d'autres filières, latines et byzantines. Gouguenheim a été aussitôt accusé de poursuivre de noirs desseins et d'alimenter le discours xénophobe. Cinquante-six spécialistes d'histoire et de philosophie médiévales, parmi lesquels Patrick Boucheron, ont publié dans *Libération* une tribune intitulée : « Oui, l'Occident chrétien est redevable au monde islamique ». Et, trois ans plus tard, paraissait chez Fayard dans la collection « ouvertures » que dirigent alors Alain Badiou et Barbara Cassin, *Les Grecs, les Arabes et nous*, une enquête sur « l'islamophobie savante » dont la préface, signée par Philippe Bütgen, Alain de Libera, Marwan Rashed, Irène Rosier-Catach, se terminait par ces mots : « Qui aujourd'hui peut dire "Nous les Arabes" sans s'attirer les pires soupçons ? Raison de plus, aujourd'hui, pour que *nous* le fassions. *Les Grecs, les Arabes. Et nous ?* Nous les Grecs, bien sûr. Nous les Arabes, pas moins. Mais nous les Latins, aussi bien, nous les juifs, nous tous les absents de la nouvelle Restauration, nous tous *les autres*, nous qui n'entrons pas dans les "synthèses" "helléno-chrétiennes" ou celles que l'on voudra, nous les composites. »

À la fin du siècle dernier, les Français se sentaient à l'étroit dans le concept de patrie. Mobiles et hyperconnectés, ils étaient passés à autre chose. C'est le défi islamiste et le refus qu'oppose à l'intégration une part croissante des « enfants de l'immigration postcoloniale », comme disent les sociologues, qui ont fait renaître en France le sentiment oublié de l'identité nationale. Confrontés à ce phénomène inattendu, les nouveaux historiens commettent le péché d'anachronisme. Ils ne pensent qu'à aujourd'hui, mais ils se trompent d'aujourd'hui. Persuadés de vivre une résurgence des vieux démons, ils entreprennent de les combattre par l'affirmation réitérée de la dette que la France aurait contractée envers l'islam. Jérôme David, l'auteur du chapitre qu'*Histoire mondiale de la France* a bien voulu consacrer à Balzac, critique la présence dans *La Comédie humaine* de stéréotypes nationaux et lui oppose le « cosmopolitisme littéraire » qui prenait corps durant les mêmes années entre les murs de l'université. Ainsi Claude Fauriel, qui occupait la première chaire de littérature étrangère à la Sorbonne, avait-il souligné dans son histoire de la poésie provençale l'influence des Arabes sur la littérature française. Et Jérôme David conclut : « Personne n'a formulé une telle hypothèse après lui.

Il serait pourtant à souhaiter, aujourd'hui, que de tels chapitres deviennent tout simplement pensables. »

L'antilepénisation des esprits débouche donc sur ce message : « Vous qui défendez l'identité française, sachez que vous êtes les débiteurs de ceux que vous prenez pour vos ennemis et qu'il n'y a même qu'emprunts, rencontres et mélanges dans la civilisation dont vous revendiquez l'héritage. » Ces étonnants chercheurs ne sont pas en quête de la nation française, ils s'assignent la mission de la faire disparaître. Ils mobilisent l'archive pour mettre à bas ce « nous » maléfique en dépossédant la France d'elle-même. L'histoire qu'ils racontent et qu'ils osent placer sous l'égide de Michelet est tout entière habitée par *la volonté de n'avoir jamais été*. Les munichois cédaient à la force par lâcheté. Nous ne sommes plus dans ce cas de figure, mais dans celui – inédit – de l'abdication par abnégation. Les intellectuels oblatifs qui renchérissent sur la francophobie ambiante n'ont pas peur ; ils s'applaudissent, au contraire, de répondre à la peur en déverrouillant la porte de la maison, en ouvrant ses fenêtres et, pour finir, en déconstruisant ses murs. Leur France mondiale, ce n'est pas une France rayonnant au-delà de ses frontières, c'est une France dissoute dans le monde. « Mon nom est personne », lui font-ils dire fièrement.

Et ils sont très soutenus. Un article du journal *Le Monde* résume la querelle autour du livre de Boucheron par l'affrontement entre une vision ouverte et une vision fermée de la société. Cette opposition n'est pas seulement « sotte », comme tu le dis très justement. Elle est, en l'occurrence, mensongère et diffamatoire. La France fermée, c'est Maurras écrivant dans *L'Avenir de l'intelligence* : « Tous les grades du monde ne feront pas sentir à ce critique juif, d'ailleurs érudit, pénétrant, que dans *Bérénice*, "*lieux charmants où mon cœur vous avait adorée*" est une façon de parler qui n'est point banale, mais simple, émouvante et très belle. » La France ouverte, c'est, comme l'a écrit Levinas, « une nation à laquelle on peut s'attacher par le cœur et par l'esprit aussi fortement que par les racines ». Or l'auteur de *Bérénice*, mais aussi Rabelais, Ronsard, Molière, Marivaux, Baudelaire, Proust ou encore Claudel ont été rayés de l'*Histoire mondiale de la France*, ainsi d'ailleurs que, de Poussin à Poulenc, les peintres et les compositeurs dont la patrie pourrait être tentée de s'enorgueillir. Le dégoût du « nous » fait place nette de la culture. Seules échappent au néant les œuvres traduites ou qui témoignent d'une influence étrangère. Si bien qu'il ne reste pratiquement rien *pour le cœur et pour l'esprit* dans la France boucheronienne. Parce que j'ai protesté contre cette gigantesque déforestation, je suis maintenant rangé dans le camp de l'Action française. Ceux qui pensent que vouloir incarner la France, c'est déjà mettre le doigt dans l'engrenage fatal de l'exclusion ne savent plus distinguer Levinas de Maurras, ni même de Gaulle de Pétain. Pour les traqueurs obsessionnels de l'identité, les premières lignes des *Mémoires d'espoir* – « La France vient du fond des âges [...], elle revêt un caractère constant qui fait dépendre de leurs pères les Français de chaque époque et les engage pour leurs descendants » – ne sentent pas moins le moisi que les prêches de la Révolution nationale. La confusion règne sous le nom de vigilance et elle rend la vie intellectuelle dans notre pays littéralement irrespirable.

Alain

Cher Alain,

Te sentirais-tu atteint si je te disais qu'à mes yeux ton identité française, celle que tu te donnes en tant qu'écrivain militant, me semble un peu trop construite ? Tu m'as déjà répondu en évoquant, avec Simone Weil, un patriotisme de compassion. Il reste toutefois que le caractère singulier de ton appartenance française, parfois proche de la droite catholique, mériterait une plus profonde investigation, puisque aussi bien ta défense de la laïcité et de la République tempère ton culte de la nation et que cette civilisation française pour laquelle tu t'enflammes ne peut pas, en certains de ses aspects qui à présent éclatent au grand jour – xénophobie, populisme –, ne pas t'inspirer une extrême défiance.

Tu t'indignes de ma réaction à ta citation d'Emmanuel Berl. Aussi, par-delà les critiques que tu as peut-être raison d'apporter à mon rejet et à ma non-lecture de cet auteur, vais-je te faire un aveu : je suis blessée par ton relatif détachement à l'endroit de la résistance et par ton indulgence vis-à-vis de quelques auteurs de la collaboration. C'est là peut-être, entre nous, une différence de génération et aussi d'histoire personnelle. Tu es – et qui mieux que moi peut le comprendre ? – plus héritier d'Auschwitz que de l'Appel du 18-Juin. Mais j'accepte mal que tu excuses, suivant en cela une certaine vulgate, le pétainisme passager de Berl par son pacifisme d'ancien combattant. Tu sais bien que le pacifisme d'entre les deux guerres, de droite comme de gauche, fut à l'origine des accords de Munich qui ont donné quartier libre à Hitler. Et tu sembles oublier aussi qu'à cette époque les juifs qui fuyaient l'Allemagne ont été dénoncés comme fauteurs de guerre. Quant aux « procès rétrospectifs », le concept kundérien de brouillard que tu invoques pour les récuser me paraît inquiétant, car j'ai trop entendu les défenseurs de Vichy répéter qu'en ce temps-là les enjeux étaient indiscernables. Or c'est justement parce qu'a surgi cette clairvoyance héroïque de la Résistance que nous pouvons réclamer le droit de porter des jugements sur des événements ou des acteurs de l'histoire passée et c'est de cette façon, du reste, que se forgent la mémoire d'une nation et celle de l'humanité.

En même temps, tu regrettes, tu l'as dit, que soit révolue cette époque, maudite en un sens, bénie en un autre, où les choses étaient claires, et que nous ne soyons plus capables de nous projeter dans quelque chose comme le programme du Conseil national de la résistance, quand gaullistes et communistes, la main dans la main, entendaient instaurer des réformes démocratiques d'action sociale et d'initiatives pédagogiques. La limpidité des situations et des combats autorisait le « patriotisme de compassion » qu'expriment ces vers d'Aragon : « Ô ma France ô ma délaissée/J'ai traversé les ponts de Cé… »

Mais cette innocence du recommencement ne peut plus avoir cours et la question pour nous aujourd'hui semble devoir se formuler ainsi : comment faire pour prendre acte avec bonne foi de ce que la donne démographique a changé et, en même temps, ne manquer ni à l'exigence démocratique ni à la continuité républicaine ? Comment à la fois dire oui à la disponibilité, à l'inventivité, à la générosité que requièrent les dangers politiques et éthiques de ce champ de mines où nous évoluons actuellement ? Comment concilier certains des modèles constitutifs de cette *décence politique* que toi-même ne saurais répudier et ne pas faire passer pour le salut public les intérêts de la sécurité à tout prix et la défense d'une identité française immobile, immuable ?

Au fond, plutôt que de m'inquiéter de ton imprudence je ferais mieux de m'alarmer de ce mépris des conséquences qui nourrit l'agressivité de certains envers tes propos. Car c'est sans cheminement visible que tu assènes ta déploration violente et définitive, t'inscrivant, que tu le veuilles ou non, dans la grande tradition française antimoderne et polémique de Bernanos, de Bloy et de Barbey. La maîtrise que tu possèdes de ta détresse te fait écrire trop parfaitement. Même si je sais que tu passes par des crises terribles, il semble que cela ne te fasse pas mal de penser ce que tu penses, pêle-mêle, de la crétinisation du temps présent, des réfugiés, des téléphones portables, de l'islam et des sans-papiers. Crois-tu, Alain, que l'on puisse sans trembler qualifier de flux migratoire ceux qui, chaque fois un homme, chaque fois une femme, chaque fois un enfant, s'échouent, parfois morts, parfois vivants, dans notre espace géographique et politique ? Que faisons-*nous* de « l'humanisme de l'autre homme » ? Le pape François n'est pas plus irresponsable que Levinas, sinon en ce qu'il passe, sans crier gare, de la prédication à la pastorale *ubi et orbi.* La réflexion sur l'état du monde engendre une perplexité dont certains émergent les os rompus et les mains déchirées par les ronces alors que toi, tu donnes l'impression d'en sortir intact, comme protégé par ta colère.

Aussi, quelle que soit souvent la justesse de tes analyses, te rends-tu inaudible à ceux qui devraient pouvoir t'entendre. À force de porter un diagnostic accablant sur le présent et le futur des sociétés occidentales, tu finis par te refuser à l'effraction que devrait provoquer, dans nos vies et dans nos représentations, la présence, nouvelle sur notre territoire, de ceux qui sont entièrement démunis, pauvres en monde, pauvres en ressources et pauvres en avenir : sans oublier pour autant ces malheureux Français dits de souche qui peuplent les zones périurbaines et votent pour le Front national. Ne me réponds pas que je n'ai pas le monopole du cœur. Moi aussi, je me pose cette question : si on naturalisait massivement ces autres hommes venus de civilisations si peu familières, que deviendrions-*nous* ? Comme tu l'écris à juste titre, c'est le défi islamiste et le refus qu'oppose à l'intégration une part croissante des enfants de l'immigration qui ont fait renaître en France le sentiment oublié de l'identité nationale. Et il ne me semble pas indigne de demander combien de temps encore nous pourrons persévérer dans notre être tout en restant citoyens d'une république accueillante et d'un État de droit.

Je terminerai cette lettre par deux remarques. Oui, les amis de Boucheron ont raison sur un point : Descartes était un itinérant, plus, un errant, parce qu'il craignait les persécutions. Français certes par sa naissance à La Haye en Touraine et par sa langue maternelle, les rares fois du moins où il n'utilisa pas le latin, langue des savants européens. Pour ce qui est de l'âme française et du génie français, je ne me reconnaîtrai jamais dans ce substantialisme, tantôt imbécile, tantôt criminel. Et cependant, comme tu le sais, Alain, *je suis avec toi*, contre ceux qui confondent Levinas et te confondent toi-même avec Maurras. C'est pour nulle autre raison qu'en participant à ce livre à deux têtes, je me suis engagée sans peur de me compromettre.

Élisabeth

Chère Élisabeth,

Dans la préface du roman de son grand ami tchèque Josef Skvorecky, *Miracle en Bohème*, Milan Kundera revient, pour les opposer, sur deux événements marquants de la deuxième moitié du XXe siècle qu'on a tendance à confondre dans l'éloge : Mai 1968 à Paris et le Printemps de Prague. « Mai 1968, c'était une révolte des jeunes. L'initiative du Printemps de Prague était entre les mains d'adultes fondant leur action sur leur expérience et leur déception historique (...) Le Mai parisien fut une explosion de lyrisme révolutionnaire. Le Printemps de Prague, c'était l'explosion d'un scepticisme postrévolutionnaire (...) Le Mai parisien était radical. Ce qui, pendant de longues années, avait préparé l'explosion du Printemps de Prague, c'était une *révolte populaire des modérés* (...) Le mot *dégel* qu'on emploie parfois pour désigner ce processus est très significatif :

il s'agissait de faire fondre les glaces, de ramollir ce qui est dur (...) Le Mai parisien mettait en cause ce qu'on appelle la culture européenne et ses valeurs traditionnelles. Le Printemps de Prague, c'était une défense passionnée de la tradition culturelle européenne dans le sens le plus large et le plus tolérant du terme (défense autant du christianisme que de l'art moderne, tous deux pareillement niés par le pouvoir). »

Si je devais résumer d'une formule mon parcours intellectuel, je dirais que je suis passé d'un Printemps à l'autre : du lyrisme au scepticisme, de la radicalité à la prudence, du pathos de l'émancipation totale à la défense passionnée de la culture qui m'a mis au monde. Et j'ai de glorieux prédécesseurs. Dans *Mythologies*, son livre le plus célèbre, Roland Barthes faisait sarcastiquement de la frite le « signe alimentaire de la *francité* ». Dans *S/Z*, livre écrit en pleine effervescence post-soixante-huitarde, il séparait par le couteau de la valeur le « scriptible » comme ce qui est dans la pratique de l'écrivain et le « lisible » comme ce qui en est sorti : « Nous appelons classique tout texte lisible. » Dans son tout dernier séminaire, *La Préparation du roman*, le même Barthes prenait acte du « dépérissement irréversible » de la langue : « Si

Racine passe un jour (c'est déjà plus ou moins fait), ce n'est pas parce que sa description de la passion est ou sera périmée, mais parce que sa langue sera aussi morte que le latin conciliaire. » Il citait cette lettre de Flaubert à George Sand : « Car j'écris non pour le lecteur d'aujourd'hui mais pour tous les lecteurs qui pourront se présenter *tant que la langue vivra* », et il exprimait son désir d'écrire une œuvre « filiale ». Barthes est mort au moment même où il concevait le projet de cette *Vita nova* et, depuis cette date, le développement de la civilisation du spectacle, la mise en place des nouvelles technologies de communication et le choix par l'école de déshériter tout le monde pour ne plus favoriser les héritiers ont fait quasiment disparaître la langue française de notre paysage auditif, comme l'écrit Robert Redeker : « Un ersatz est venu remplacer cet absent. La langue française ne répond plus à l'appel de son nom. Il y a eu usurpation d'identité – une autre langue se fait passer pour elle. » Et cet ersatz est omniprésent, cette autre langue règne partout. Aucune catégorie sociale n'est épargnée. Il suffit d'ouvrir les oreilles et d'écouter la radio pour en faire l'expérience.

« Cours, camarade, le vieux monde est derrière toi ! » scandions-nous à l'unisson en mai 1968.

Et je courais éperdument pour ne pas être rattrapé et mis en cage, jusqu'au jour où, comme je l'ai déjà écrit, je me suis aperçu que ce vieux monde ne nous poursuivait pas, ne nous persécutait pas, mais qu'il s'éteignait doucement, sans rien dire. Et il m'est apparu que, loin d'avoir fait tomber un tyran, nous avions laissé tomber un trésor. Nous ne sommes pas devenus plus libres, en effet, mais plus bêtes et plus pauvres. Mon patriotisme est né de ce constat. Ce n'est pas une construction artificielle comme tu en fais l'hypothèse, c'est un amour inconsolé.

Je ne laisserai pas dire non plus que le vieillissement a fait de moi un conservateur au sens que le philosophe anglais Michael Oakeshott donne à ce terme. Je ne fais pas partie de ces gens, tout à fait estimables par ailleurs, qui pensent qu'« on ne doit pas sacrifier un bien connu pour un mieux inconnu, qui ne ressentent aucune attirance pour ce qui est dangereux et difficile et qui n'ont pas l'esprit aventureux ». Je n'ai pas peur de l'avenir, j'ai peur pour le passé. Je ne choisis pas systématiquement la stabilité contre le changement et l'inventivité. Je ne préfère pas le tangible au possible. Je m'inquiète de la fragilité et même de la mortalité du tangible : mortalité de la langue, mortalité de la culture, mortalité de la France même. Et pourquoi veux-tu, moi qui multiplie déjà les citations, m'inscrire de force dans une tradition à laquelle je ne me réfère jamais ? Je suis allergique à l'écriture vociférante de Léon Bloy. J'ai la même passion que toi pour les romans de Barbey d'Aurevilly, mais je ne suis pas un contre-révolutionnaire. Quant à Bernanos, dont je n'oublie pas le panégyrique consternant d'Édouard Drumont, j'aime l'usage qu'il fait de *Notre Jeunesse* dans sa dénonciation de l'esprit munichois, mais mon homme, c'est Péguy, républicain, dreyfusard, patriote, chantre de l'encre violette et des hussards noirs. À la différence cependant du premier des mécontemporains, je ne me qualifierais pas d'antimoderne. Je suis attaché au temps passé de la culture, c'est-à-dire, comme écrit encore Kundera, au « temps passé des Temps modernes ».

Ce passé, toutefois, je ne peux me résoudre à prononcer son acte de décès. Je ne m'adapte pas au cours des choses. Tu me demandes dans une lettre déjà ancienne pourquoi je récuse le qualificatif de décliniste. Ma réponse est simple : parce qu'à la différence des progressistes je ne prends pas le parti du déclin. Au lieu de voir dans cette marche vers l'abîme une marche en avant, je fais opposition. Je suis donc, en effet, un écrivain militant. J'interviens, je bataille, j'espère un sursaut et j'en vois les prémices chez ces professeurs qui, à l'heure du sacre du hip-hop et de la bande dessinée, assument courageusement dans leurs classes la « représentation de la culture ». De là à parler de résistance pour qualifier mes engagements, il y a un pas que franchissent certains lecteurs et commentateurs épouvantés par ce qui arrive et bienveillants à mon égard. Mais moi, ce pas, je ne le franchirai jamais. Car ta blessure n'a pas lieu d'être : je vénère les résistants, je suis obsédé depuis mon adolescence par les figures de Jean Cavaillès, de Boris Vildé, de Pierre Brossolette ou de Jean Moulin, et j'aurais l'impression de profaner leur mémoire et de me rendre la partie facile en comblant verbalement le fossé qui me sépare de ces héros. Et, crois-moi, je n'ai aucune indulgence pour les auteurs de la collaboration. Mais, n'ayant pas connu l'épreuve du feu, je ne veux pas non plus être un impitoyable résistant par procuration. Surtout si l'exercice du jugement me conduit à faire de Berl le collabo qu'il n'a pas été et à oublier que l'amitié de Camus, résistant de la première heure, fut « un des cadeaux que, depuis la Libération, [lui] avait fait le Destin ».

Je ne me pare pas des plumes du paon, je m'applique à distinguer les époques, je réfute inlassablement toutes les analogies avec les années noires. C'est pourquoi, comme je te l'ai déjà dit, je m'insurge contre Renaud Camus quand il établit une comparaison entre « l'occupation nazie du territoire français et la présence, certes bruyante et inquiétante, de l'Islam politique ». Cette présence, cependant, mérite qu'on s'y arrête. Il est un peu désinvolte de la mentionner en passant. « Certes », c'est trop vite dit. Le problème que tu évoques demande davantage qu'une concession furtive. Qu'est-ce qui se passe ? Les salafistes qui « se désavouent » dans tous leurs faits et gestes de la société environnante entraînent-ils progressivement leurs coreligionnaires sur la voie de la sécession ? Ou bien la menace porte-t-elle un autre nom et faut-il prendre au sérieux Youssouf al-Qaradawi, le guide spirituel des Frères musulmans, quand il affirme : « Avec vos lois démocratiques nous vous coloniserons, avec nos lois coraniques nous vous dominerons », ou quand il déclare plus benoîtement : « L'islam est entré deux fois en Europe et deux fois l'a quitté. Peut-être que la prochaine conquête, avec la volonté d'Allah, aura lieu par la prédication et l'idéologie. »

Quoi qu'il en soit, on peut d'ores et déjà constater avec Georges Bensoussan que « toute une partie de la jeunesse de notre pays se reconnaît de moins en moins dans notre culture ». Et il est impossible de ne pas relier ce que l'auteur des *Territoires perdus de la République* appelle « l'émergence de deux peuples » au remplacement depuis les années 70 du XXe siècle d'une immigration de travail par une immigration de peuplement. Il faut donc impérativement changer de politique migratoire, c'est-à-dire, en effet, ralentir, sinon même arrêter, le flux. Parce que je dis cela sans sourciller, tu m'accuses d'insensibilité et tu affirmes que mon mépris des conséquences nourrit l'agressivité envers mon propos. Mais les conséquences, je les vois tous les jours : c'est la haine des Blancs qui a désormais pignon sur rue, c'est la lutte contre la domination qui tourne au séparatisme racial, ce sont des « souchiens » qui baissent les yeux dans certains quartiers, ce sont des cafés sans femmes, ce sont des professeurs qui vont faire cours la peur au ventre, ce sont des lycées vandalisés, c'est le grand déménagement des juifs d'Ile-de-France : en l'espace de dix ans, 60 000 sur 350 000 ont fui les communes où ils habitaient et cherché refuge à Vincennes, à Saint-Mandé, à Boulogne ou à Limoges. Ceux pour qui je suis inaudible se croient sincèrement plus moraux que moi, plus affectés par la misère et le dénuement de leurs frères humains. Mais qu'est-ce qu'une morale qui n'apporte que du malheur ? Qu'est-ce qu'une morale qui se soucie comme d'une guigne des effets différés de ses actions ? La parabole du Bon Samaritain est-elle la réponse que dicte la morale à la montée de tous les périls ? Est-il vraiment moral enfin de préconiser une hospitalité dont on se dispense et même dont on se protège par le choix de son lieu de résidence et de l'école où l'on met ses enfants tout en fustigeant sous le nom de populisme le désarroi de la portion du peuple qui se retrouve en première ligne ?

Tu me mets en porte-à-faux avec Levinas et « l'humanisme de l'autre homme ». Mais cet humanisme, ce n'est pas le gouvernement du cœur. L'exigence de justice qu'il implique ne saurait se ramener à l'application inconditionnelle et irréfléchie du principe de charité. S'il est vrai que le visage, c'est toujours ce visage, cet homme, cette femme, cet enfant et que chaque visage est un commandement, il est vrai aussi que nous ne sommes jamais deux. « D'emblée il y a le tiers », dit Levinas. Et l'entrée du tiers déclenche l'avalanche des questions :

« Que sont-ils donc, l'autre et le tiers, l'un pour l'autre ? Qu'ont-ils fait l'un à l'autre ? Lequel passe avant l'autre ? » Il faut comparer, juger, jauger, choisir. L'éthique appelle la politique. « De la responsabilité au problème : telle est la voie », résume Levinas. Ce que Victor Hugo déjà exprimait merveilleusement : « On a l'obsession, l'illusion peut-être de plusieurs routes s'offrant en même temps, et à l'entrée de chacune d'elles on croit voir le doigt indicateur de la conscience. Où aller ? sortir ? rester ? avancer ? reculer ? que faire ? Que le devoir ait des carrefours, c'est étrange. La responsabilité peut être un labyrinthe. »

Le pape François, lui, ne connaît ni problèmes ni dilemmes. Il ne s'aventure pas dans le labyrinthe de la responsabilité, il emprunte l'autoroute de l'amour. Sans la moindre perplexité, il exhorte les pays européens à l'accueil et à la compassion, il prône « une généreuse ouverture qui, au lieu de craindre la destruction de l'identité locale, soit capable de créer de nouvelles synthèses culturelles ». Et rien ne le démonte. Sa bonne parole est inébranlable. Interrogé dans l'avion qui le ramenait des JMJ de Cracovie sur l'égorgement en pleine messe du père Jacques Hamel, il a fait cette réponse d'anthologie : « Je n'aime pas parler de violence islamique, car tous les jours, quand je feuillette les journaux, je vois des violences, ici en Italie : celui-ci qui tue sa fiancée, un autre qui tue sa belle-mère… Et il s'agit de catholiques baptisés violents ! Ce sont des catholiques violents… Si je parlais de violence islamique, je devrais également parler de violence catholique. » L'idiot qui tient ce discours n'est pas l'Idiot de Dostoïevski, c'est l'idiot utile de Youssouf al-Qaradawi.

Reste qu'à reconnaître comme tu le fais la présence bruyante et inquiétante de l'islam politique ou, à parler comme Georges Bensoussan, de l'émergence de deux peuples, on court le risque de ne voir dans les individus musulmans que des échantillons ou des spécimens. On peut être tenté de déduire qui ils sont de ce qu'ils sont sans faire le détail. Or on n'a le droit ni de fermer les yeux sur leur monde, leur psychologie collective, les codes culturels qui les ont façonnés ni de les absorber dans l'anonymat d'une essence. Cette double injonction ne s'impose pas moins à la pensée qu'à la morale.

Un mot pour finir sur l'âme française. Même si Michelet parle sans rechigner d'« âme de la France », je ne tiens pas particulièrement à cette expression et encore moins à celle, malfamée, de « génie national ». Mais l'horreur du substantialisme doit-elle aller jusqu'à refuser toute spécificité et toute consistance aux nations ? Y a-t-il quelque chose de louche ou d'imbécile à s'émerveiller, sans bien sûr les y réduire, de l'italianité de Fellini et de l'*englishness* de Jane Austen ? Permets-moi de te citer à mon tour Aragon malgré ma répulsion pour son long « vertige soviétique ». Il m'est impossible de l'absoudre, mais je ne voudrais pas me priver, en l'excommuniant, de la force de son inspiration. Voici donc ce qu'écrivait Aragon en 1941 : « Et tandis que les uns trouvent un amer et bruyant réconfort à dénoncer nos faiblesses, les autres, et je me sens l'un d'entre eux, dénombrent parfois en silence nos richesses, nos inaltérables biens, nos incomparables motifs d'orgueil. L'air frais qui lave nos poumons. Ce qui nous rend le sentiment de notre grandeur. Qu'on accumule à notre compte les erreurs du passé, les tares, les défaites, rien ne fera pourtant, personne, qu'on ne puisse nous arracher ce sentiment devant la peinture française. Et peut-être que rien dans cette peinture ne le suscite en nous, ce sentiment, comme cette œuvre qui en est l'aboutissement et le sommet, je veux parler de l'œuvre d'Henri Matisse. » Et quelques pages plus loin : « Matisse-en-France, cela sonne comme Le Puy-en-Velay, Marcq-en-Barœul, Crépy-en-Valois... Matisse-en-France. »

La francité, ce n'est donc pas seulement la frite, c'est Matisse, mais aussi Vuillard, Bonnard, Marivaux, Madame de Sévigné, l'église de Saint-Amand-de-Coly, la montagne Sainte-Victoire, les vaches normandes, les trois cent cinquante variétés de fromages, etc. La liste n'est pas close et l'histoire peut se prolonger dès lors qu'on ne décide pas, par abandon ou par conviction, de passer à autre chose.

Alain

Cher Alain,

Tu viens de m'écrire une lettre dont certains passages, quasi autobiographiques, pourraient avoir pour effet de me démobiliser. Mais, justement parce que je persiste à te résister, je vais feindre un temps de consentir à ta manière désespérée de nouer le présent, l'avenir et le passé, et ce, dans le but d'en revenir à quelque chose que je tiens, de ta part, pour un choix stratégique déterminant : à cette attitude qui consiste justement à se moquer de toute stratégie, à ce refus obstiné de *montrer patte blanche* Bien que nous adorions cette vieille expression issue d'une fable de La Fontaine, la posture présomptueuse qu'elle désigne me semble prendre en charge à la fois un point névralgique de désaccord entre nous et le trait le plus marquant de ton personnage. Dans l'une de tes dernières lettres, et cela m'a effrayée, tu m'écris que tu te « fous royalement d'être récupéré par l'extrême droite ou d'être identifié à des penseurs malfamés » et cela, dis-tu, non par indifférence au jugement d'autrui mais parce que « dans les années 50 du XXe siècle quiconque se risquait à dévoiler la réalité concentrationnaire du communisme devenait aussitôt (...) un suppôt de l'impérialisme, voire du fascisme renaissant ». Au titre de cette mémoire, tu refuses donc de commettre la même erreur en te privant, sous prétexte que tu ferais le jeu de l'extrême droite, de dire ce que tu considères comme la vérité sur le temps présent.

Or je me demande si tu ne te laisses pas égarer par ce qui a constitué pour toi une « leçon de l'histoire ». Tu refuses de te laisser museler ou culpabiliser par les vieilles règles imposées par le communisme, et, crois-le bien, ce n'est aucunement par surdité à cette leçon que je te reproche de ne pas dénoncer haut et fort les alliances calamiteuses qu'on t'impute. Ce paradigme des deux camps, même si la dénonciation du mensonge communiste et de ses crimes possède la force de t'avoir fondé, appartient à un temps révolu, celui de la guerre froide. Les schémas de la lutte civile des intellectuels ne se répètent pas à l'identique et tu parais oublier que le combat surdéterminé, mené par l'antiracisme, qui a désormais raflé la mise et bouleversé la donne sociopolitique, est loin de présenter la simplicité de la lutte des classes à laquelle il s'est désormais substitué.

J'entends bien que la vérité sur les camps soviétiques ne pouvait pas être dite dans l'orthodoxie de l'époque parce qu'il ne fallait pas faire le jeu de ceux pour qui cette découverte se présentait comme une aubaine et justifiait le rejet antisocial du communisme. Le procès Kravtchenko, qui a vu quelques hommes insoupçonnables apporter leur caution à un mensonge flagrant, sous prétexte que la vérité sur l'univers concentrationnaire soviétique avait été dite par un témoin qu'il fallait à tout prix disqualifier, demeure une représentation emblématique de ce triste âge de la moralité. Mais nous ne sommes plus du tout dans le même cas de figure et, si je persiste à te répéter que tu n'aurais pas dû supporter, sans coup férir, qu'on t'impute des alliances gravement compromettantes, et que tu aurais dû prendre spectaculairement tes distances vis-à-vis de ceux qui disent parfois la même chose que toi mais le disent d'un autre point de vue ou dans une autre perspective, c'est parce que nous nous débattons dans une confusion sans précédent. Oui, il te faudrait, *voyant ce que tu vois et disant ce que tu dis* à la place où tu te tiens, te démarquer sans relâche de l'orchestration fascisante qui t'encercle. C'est pourquoi, en fin de compte et en raison même de ma proximité, parfois, avec quelques uns de tes constats, je défends, dans certaines circonstances graves, l'obligation politique de *montrer patte blanche* pour veiller sur la précarité extrême de nos paroles qui, moins que jamais, trouvent le pouvoir de se porter secours à elles-mêmes. Car la collusion d'une certaine perversité politique, faite d'un mélange de moralisme et d'électoralisme, avec l'usage intempérant des réseaux sociaux porte atteinte à l'intégrité de ce qui s'écrit et se dit publiquement. Toi qui as l'habitude d'intervenir à la radio et à la télévision, tu devrais être particulièrement attentif à ces prévisibles dérives et aux menaces de plus en plus pressantes qu'elles font peser sur toi.

Par ailleurs, que tu sois exaspéré par la manière dont la gauche répète, voire mime, hors du contexte des années 30, l'antienne fascinante pour elle de l'antifascisme, je le comprends, mais ce que je n'accepte pas, c'est que ta manière obsessionnelle de dénoncer l'anachronisme de cette instrumentalisation te fasse renoncer à maintenir la singularité de ton propos. Je voudrais te faire partager cette pensée provocante d'un philosophe anglais du XVIIIe siècle, Shaftesbury, que Diderot a traduit. « Dire la vérité à ceux qui ne sont pas en état de l'entendre, c'est la trahir. La dire à ceux qui sont disposés à la persécuter, c'est la profaner. » Les communistes, eux, *cachaient* la vérité, mais toi, tu t'exposes à la *gâcher* et cela, à un moment de notre histoire éminemment critique pour la démocratie, en t'exprimant comme si tu parlais dans une chambre forte ou dans le secret de ton écriture.

Jankélévitch disait que l'antisémitisme relevait d'un tout autre ordre, d'un tout autre désordre que le racisme, qu'il constituait donc une catégorie à part. Mais soudain, dans le contexte actuel, cette distinction me glace en ce qu'elle pourrait nous autoriser à mieux tolérer le racisme. Dis-moi que tel n'est pas ton cas et que ton absence d'inquiétude visible, quant à la menace toujours présente de l'extrême droite, ne vient pas de ce que tu redoutes moins l'antisémitisme passé des Le Pen que celui, présent, de l'islam et que tu passes donc sous silence la xénophobie criante que le Front national fait passer pour la défense de la République. Où, quand, comment dire les choses, si du moins l'on souhaite rallier le plus grand nombre de ceux qui ne sont pas des ennemis à ce que l'on tient pour un combat nécessaire ? Et ne faut-il pas, dans certaines situations, accepter de sacrifier à l'urgence démocratique les analyses qu'on tient pour justes ?

Je suis profondément attachée à ces vers d'Aragon, « Quand les blés sont sous la grêle, fou qui fait le délicat/Fou qui songe à ses querelles au cœur du commun combat. » Or tu es ce fou qui ne consent pas à sacrifier ses querelles face à l'obligation politique pressante de s'associer sans réticence, dans un front républicain, avec d'anciens et futurs adversaires. Tu décides que les blés ne sont pas actuellement sous la grêle et que les démocrates font une bévue météorologique, car le gros temps qui s'annonce et qui nous menace va venir, si j'ose dire, d'un autre ciel. Pour prendre un exemple récent, lors du deuxième tour de l'élection présidentielle de 2017, tu n'as accepté de donner ta voix au seul candidat présentable qu'en affaiblissant ton choix par les considérations philosophico-politiques ravageuses qu'on te connaît et qui auraient dû attendre, pour se reformuler, que les jeux soient faits. Je pense en particulier à ta critique de la prétendue instrumentalisation qu'a représentée à tes yeux la visite faite par

Emmanuel Macron au Mémorial de la Shoah. Par ailleurs, ta critique de la substitution du progressisme à la gauche aurait eu tellement plus d'efficacité si, fort de ton vote, tu avais su patienter encore quelques jours avant de tirer une fois de plus le signal d'alarme. Mais tu auras donné l'impression une fois encore de ne pas pouvoir *différer* ta réaction et de ne pas vouloir attendre le moment politiquement opportun. À force de « faire le délicat », tu deviens au mieux inintelligible, au pire suspect.

En relisant tes lettres, dans le souci de faire une sorte de bilan, je te découvre par ailleurs, sur une question capitale à mes yeux, trop acquis à un certain aspect de la pensée arendtienne et précisément au chapitre qu'elle a intitulé « La question sociale » dans son livre *De la révolution*. Sans doute présente-t-elle une brillante et juste analyse philosophico-historique, inspirée de Hegel et dont la thèse consiste à faire de la Terreur un effet de la compassion rousseauiste. Mais je me demande jusqu'à quel point cette vue cavalière, aussi peu en sympathie avec la pensée française qu'avec l'histoire de la France, ne t'a pas brouillé, toi, l'auteur de *L'Humanité perdue*, avec la généreuse équivocité du mot français d'humanité. Tu sais que l'allemand distingue

Menschheit, le genre humain, et *Menschlichkeit*, la vertu d'humanité. Notre langue les confond et cette confusion devrait nous inciter à les articuler dans nos pratiques. Or il y a chez toi, je le redis, comme un manque de mise en pratique du tourment éthique. Certes, je sais distinguer la sensibilité de la sentimentalité et me méfie de la pitié envahissante quand elle empêche la compassion responsable qui sait se mettre à la place de *n'importe qui d'autre* sans dénier sa transcendance ni même son agressivité. Si la détresse des migrants et des jeunes des quartiers d'une part, si d'autre part le dénuement matériel et la désolation culturelle de certains de nos compatriotes des zones périurbaines ne trouvent pas, l'une et l'autre, une place constituante et comme *préréflexive* dans la construction du drame démocratique, on en viendra très vite à une opposition irréconciliable, à une guerre civile, et la construction de l'universel concret auquel nous aspirons aura perdu ses chances. Je fais de ces réquisits contradictoires un préalable à toute politique possible : il y a là un transcendantal tragique auquel il nous faut nous soumettre activement pour relancer notre histoire.

Pour ma part, je n'ai jamais pu trouver de plus ferme appui philosophique et politique que dans une phrase attribuée à Hillel, un sage juif contemporain de Jésus. Il aurait prononcé ces paroles que tu connais bien, mais dont l'impérieux crescendo ne hante pas suffisamment ta conscience politique. « Si je ne suis pas pour moi, qui le sera ? Si je ne suis que pour moi, que suis-je ? Et si pas maintenant, quand ? » Dans ces mots réside la seule réponse à la question de l'identité : être pour soi et les siens, d'abord et sans réserve, et nous savons le sens que cela a pris pour les juifs. Mais pas seulement pour soi et les siens, car si l'on oublie le souci des autres, fussent-ils des adversaires que l'on combat, c'est, en fin de compte, l'identité personnelle ou l'appartenance qui risquent de se défaire. Une telle exigence nous expose et nous convoque dans l'urgence.

J'ai l'air de te faire la morale et je me sens ridicule. Mais enfin ! Je ne peux pas ne pas constater le fait que tu n'évoques la compassion qu'au sujet de la « patrie menacée ». Ce mot de Simone Weil sur le patriotisme de compassion, auquel tu aimes à te référer, Alain, et qui me touche moi aussi, n'oublie pas qu'il a été prononcé lors de la défaite de 1940, puis de l'occupation de la France, et par quelqu'un qui avait précédemment donné d'incroyables gages à la justice sociale et à l'internationalisme.

Nous aurons su nous disputer sans complaisance mais avec tact, et je nous en suis reconnaissante, car je redoutais que nos litiges, en s'approfondissant, ne finissent par se transformer en différends irréconciliables et n'aboutissent à une rupture. Mais je ne suis pas sûre qu'en dépit de l'émotion insistante que nous éprouvons à la pensée de notre monde commun, nous ayons évité la déchirure. J'espérais que les alliés de la gauche, dont, bon an mal an, je fais partie comprendraient par tes réponses à mes interrogations que tu n'es pas seulement ou pas du tout le décliniste occidentalo-centré, maniaque de la singularité française, ennemi de l'immigration et de l'islam, que tu leur apparais de plus en plus manifestement. Or tu ne t'es pas laissé suffisamment ébranler par mes questions : tu as rebondi comme si tu ne voulais pas risquer de soumettre tes principes au moindre *aggiornamento*, à actualiser ou à moderniser – mots haïssables à tes yeux ! – ta vision du monde et de la société. Tu n'as pas consenti à la moindre autocritique, tu as seulement trouvé d'autres manières de répéter ton pessimisme radical. Je pense donc que j'ai échoué à te présenter tel que je te vois parfois, ou tel que je t'aurais voulu. Tu m'auras du moins fait comprendre clairement la différence entre un réactionnaire et un conservateur et que le conservateur ne mérite jamais, en régime d'alternance démocratique, que des progressistes s'en prennent physiquement à lui. Aucun citoyen protégé par un État de droit ne saurait se draper dans la violence révolutionnaire. Je fais ici référence aux propos injurieux et diffamatoires dont tu es constamment la cible et précisément au fait que quelqu'un a commis l'acte ignominieux de te cracher à la figure quand on t'a expulsé de Nuit debout.

En tout cas, je ne regretterai jamais d'avoir fait ce que certains de mes proches considéraient comme un *salto mortale*, d'avoir parlé avec toi, au risque d'altérer l'image d'un parcours à gauche que j'avais construit par mes engagements et mes écrits. Et je suis heureuse, en fin de compte, je n'ai aucun scrupule à l'avouer, que grâce à ce combat entre nos idées, qui n'allait pas sans un fond d'entente dont j'avais à cœur de m'expliquer, ton beau nom juif polonais d'écrivain français puisse rester pour un temps associé au mien.

Élisabeth

Chère Élisabeth,

Milan Kundera m'a gentiment défini un jour comme « l'homme qui ne sait pas ne pas réagir ». Tu es d'accord avec lui, le sourire en moins. Car tu t'inquiètes de ce qui l'amuse et l'intrigue. Tu te désespères même d'une incapacité à différer ma réaction et d'un refus d'attendre le moment opportun qui me rendent « au mieux inintelligible, au pire suspect ». Exemple parmi d'autres de cette funeste impulsivité : je n'ai pas pu m'empêcher, entre les deux tours de l'élection présidentielle de 2017, de critiquer « le seul candidat présentable ». Certes, j'ai dit aussi que je lui donnais ma voix. Mais que valait un soutien assorti de tant de réticences ? L'urgence démocratique, c'est-à-dire la mobilisation contre le Front national, ne commandait-elle pas que les jeux soient faits pour remettre en cause la pertinence, quand notre civilisation agonise, d'une vision purement économique du monde et de l'opposition entre bienveillants progressistes et affreux conservateurs ?

Je suis d'autant plus sensible à ce reproche, Élisabeth, que j'avais décidé de rester silencieux pendant cette quinzaine de tous les dangers et, si on me demandait mon choix, de soutenir sans commentaire le candidat en marche. Kundera exagère : je ne suis pas un cheval fou, il m'arrive de prendre sur moi et, malgré les sollicitations, de passer mon tour. Si j'ai, en l'occurrence, violé le serment que je m'étais fait à moi-même, c'est parce que Emmanuel Macron a jugé utile de dramatiser le moment politique que nous vivions en se rendant coup sur coup à Oradour-sur-Glane et au Mémorial de la Shoah pour la Journée mondiale de la Déportation. Oublier l'histoire, a-t-il dit en substance lors de ces deux occasions, c'est prendre le risque de la voir revenir. Et sans avoir besoin de mettre les points sur les i, il nous invitait à suivre son regard. Toute honte bue, celui qui allait devenir le huitième président de la Ve République faisait de l'occupation allemande et de l'extermination des juifs un argument de campagne. Fils et petit-fils de déportés, je ne pouvais pas laisser passer ça. Les morts, ai-je donc rappelé, ne sont pas à notre service. Notre devoir, le fameux devoir de mémoire, consiste, au contraire, à veiller sur l'indisponibilité des morts. Emmanuel Macron n'a pas eu ce scrupule et son attitude me paraissait d'autant plus révoltante que, quelques jours avant sa visite solennelle rue Geoffroy-l'Asnier, il exaltait le bonheur du vivre-ensemble dans la diversité à Sarcelles, commune traumatisée par une violence antijuive qui ne devait rien au Front national. Battre le tambour contre une menace ensevelie et « en même temps » mettre sous le tapis le danger immédiat : cette simultanéité, je l'avoue, m'est restée en travers de la gorge.

Mon indignation n'a pas été comprise car, antifascisme oblige, la vigilance se consacre tout entière à pourchasser les vieux démons. L'autre homme n'est jamais autre que l'homme : tel est, après Auschwitz, le premier article de notre morale. Pour toutes les générations post-hitlériennes, le mal absolu a un nom et un seul : racisme. Et depuis l'installation dans notre paysage politique d'un parti né sous les auspices de Pétain, ce mal a une adresse. Mais voici que l'histoire se complique. Elle sort du cadre. Elle ne sait pas se tenir. Elle ne suit pas son programme. Le mal devient légion. De nouvelles adresses surgissent. Va-t-on, dès lors, mettre l'annuaire à jour ? Non. Parce que le Front national prospère sur la crainte de l'immigration et de l'islam, on déclare cette crainte infondée, les journalistes eux-mêmes refusent de regarder la réalité en face. Si nous sommes quand même informés sur le monde dans lequel nous entrons, ce n'est pas aux professionnels de l'information que nous en sommes redevables, mais aux enseignants, puis aux médecins, aux infirmières, aux assistantes sociales, aux maires, aux formateurs, aux gendarmes et aux policiers qui, sous la houlette de Georges Bensoussan, ont rédigé *Les Territoires perdus de la République* et *Une France soumise*. Leurs révélations cependant ne sont pas les bienvenues. Au lieu de contribuer à lui faire barrage, elles font le jeu de l'adversaire, elles acclimatent ses thèses, elles apportent de l'eau au moulin de son intolérance, et Georges Bensoussan, en faveur duquel nous avons toi et moi témoigné, se retrouve au tribunal pour provocation à la haine raciale. Il a été relaxé, mais le parquet a fait appel et on a vu, à cette occasion, la vigilance nécessaire se muer en impératif de cécité.

Du grand principe qu'était naguère l'antiracisme, il ne reste plus, de nos jours, que la pratique systématique du déni et la persécution des indociles. La morale est devenue matraque. Cette déchéance fait notre malheur et tu as beau dire que je me laisse dangereusement égarer par l'analogie avec le communisme, je ne peux pas ne pas penser à notre situation quand je lis ces lignes de Martin Malia, l'auteur de *La Tragédie soviétique* : « Le socialisme intégral n'est pas une attaque contre les abus spécifiques du capitalisme, mais contre la réalité. C'est une tentative pour abroger le monde réel. » Les mêmes mots valent, hélas, pour l'antiracisme contemporain. Cette ex-vertu ne laisse pas même le passé tranquille. Insatiable, elle jette son dévolu sur l'ancien comme sur le nouveau. Elle abroge, avec la même ardeur, avec la même bonne conscience, ce qui est et ce qui fut.

Constatant comme son illustre collègue Patrick Boucheron que « les citoyens – cela s'entend dans les cours de récréation – ne sont pas tous des *Gaulois* », l'historien Dominique Borne, inspecteur général de l'Éducation nationale, propose, par un nouveau récit, d'« embarquer en histoire tous ceux qui, jusqu'à maintenant, s'en sentent exclus ». Pour permettre aux enfants d'immigrés de se reconnaître dans une France métissée dès l'origine, son récit commence donc avec la fondation par les Grecs de

Massalia (Marseille) au Ve siècle avant notre ère. Il se poursuit en insistant sur « la très longue inscription de toutes les immigrations dans l'histoire de France. Pour se limiter aux deux derniers siècles, celle des maçons de la Creuse, des Bretons échoués autour de la gare Montparnasse, des Italiens de Lorraine, des Polonais du Pas-de-Calais et, dans un même mouvement d'acculturation, des différents âges des migrations du Maghreb vers la France ».

Le vertigineux mensonge de cette équivalence entre la Creuse et le Maghreb (même déracinement, même flux, même mouvement d'acculturation) rectifie une donnée devenue incorrecte : la continuité de la France entre les grandes invasions et le dernier tiers du XIXe siècle. Il n'y a pas de race française, bien sûr. Les Français sont un peuple composite. Mais c'est falsifier l'histoire pour mieux édifier les nouveaux citoyens que de confondre les mouvements internes de populations avec l'arrivée de populations étrangères (dont mes propres parents). Dans le noble dessein de « faire France ensemble », les plus hautes autorités intellectuelles de notre pays donnent mandat à l'école de transmettre, en lieu et place de ce qu'elles appellent dédaigneusement le roman national, la fable du brassage perpétuel.

Tu reconnais sans faux-fuyant le changement dont la France est le théâtre et il ne te semble pas indigne de demander combien de temps encore nous pourrons persévérer dans notre être. Or, c'est précisément cette question que la nouvelle histoire récuse et qu'elle s'emploie même à nous ôter de la tête. Effaçant consciencieusement la spécificité du vieux monde, elle nous interdit non seulement de le défendre, mais d'en porter le deuil.

« Même si nous admettons que chaque génération a le droit d'écrire sa propre histoire, nous refusons d'admettre qu'elle a le droit de remanier les faits pour les mettre en harmonie avec sa perspective propre », disait encore Hannah Arendt. Ce « nous » a vécu. Tout est dorénavant permis à ceux qui veulent extirper la xénophobie du cœur des hommes. Plus ou invoque la mémoire et moins les morts sont en sécurité. Les meilleures intentions dévastent l'univers. Il n'est plus aucune réalité qui ne puisse être changée. L'actuel et l'advenu sont également malléables. Le faux exerce son empire sur l'intégralité du temps. La propagande ayant forcé la porte de l'érudition, même le passé tombe sous sa coupe. Même nos ancêtres les plus éloignés sont mis au goût du jour. Même Cro-Magnon devient tendance. Il y a trente-six mille ans, lit-on dans l'ouvrage dirigé par Patrick Boucheron, vivait sur notre territoire une « humanité métisse et migrante » (sic).

Je dénonce avec l'énergie du désespoir cet impérialisme idéologique sans limites et sans précédent, je m'effraie de cette mise au pas de l'être par le parti du Bien, et tu me mets en garde contre mes alliances calamiteuses ! Quelles alliances, Élisabeth ? Je n'ai jamais frayé avec l'extrême droite, j'ai été mis là, étiqueté, catalogué et fiché F parce que j'ai eu le front, à l'heure du grand ménage, de parler d'identité française. Cet amalgame en dit long, non sur moi, mais sur la brutalisation de la vie intellectuelle. Il est vrai que je ne me laisse pas enrôler dans les campagnes antifascistes qui scandent notre actualité et que je reconnais sans difficulté cette évidence : le Front national a tourné la page de Vichy. Je n'en conclus pas pour autant que c'est un parti fréquentable. On ne peut pas plus pactiser avec le trumpisme affiché d'aujourd'hui qu'avec le pétainisme plus ou moins assumé d'hier. Mais je ne me résoudrai jamais à censurer Bensoussan pour mieux combattre la démagogie de Marine Le Pen et sa volonté carnassière de « casser les codes ». Cela me vaut d'être aimablement qualifié de « décliniste occidentalo-centré, maniaque de la singularité française, ennemi de l'immigration et de l'islam » par la gauche qui te tourmente. Qu'est-ce à dire, sinon que, sous la banderole « Le fascisme ne passera pas », l'abrogation du monde réel poursuit sa marche triomphale ? Et si je ne cherche pas à amadouer ceux qui ont de moi cette image négative, si même je les envoie paître, ce n'est pas, comme tu le penses, parce que je me moque de toute stratégie mais parce que, faute d'un monde partagé, toute parole est vaine, nulle idée ne peut être émise, nulle opinion échangée, nulle dispute prendre corps. Je ne me bats pas *contre* une manière de penser qui mériterait plus d'égards, mais *pour* éviter que la pensée soit définitivement privée de matière.

En 2012, après l'annonce de la traque du tueur de Montauban et de Toulouse, un journaliste du *Nouvel Observateur* écrivait sur Twitter en apprenant qu'il s'appelait Mohammed Merah : « Putain, je suis dégoûté que ce ne soit pas un nazi... » Je suis la bête noire de cette nostalgie. Car si, comme toute personne sensée et sensible, j'abomine le fascisme, je n'en ai pas besoin, contrairement à ses pourfendeurs patentés, pour penser et pour agir. Il ne m'est pas indispensable. Cette différence me paraît capitale et je ne la sacrifierai pas pour être mieux considéré.

Voilà, Élisabeth. Tu regrettes de n'avoir pas su m'ébranler. Sache que j'en ai autant à ton service : je plaide, j'argumente, je m'explique, rien n'y fait. Tout en concédant *in extremis* que je ne suis pas réactionnaire, tu reviens inlassablement à la charge. Et malgré ce que j'ai essayé de te dire sur la nécessaire lucidité de l'éthique, tu continues à me reprocher de manquer de compassion. Ainsi maintiens-tu jusqu'au bout l'opposition du cœur et de la froideur qui a fondé tes choix politiques. Là est sans doute notre différence essentielle : tu restes vaille que vaille fidèle à la gauche tandis que, ayant fait le choix de l'inappartenance, je refuse obstinément de lui rendre des comptes. Tu voudrais que je fasse en sorte de ne pas pouvoir être récupérable. Je souhaiterais que tu cesses de te donner le beau rôle en conjuguant, sans jamais trancher, des préceptes contradictoires.

Nous nous sommes donc bien chamaillés, mais un miracle a eu lieu : notre amitié a traversé sans dommage cette tourmente. La mienne est même plus admirative que jamais. Par leur exigence, leur intensité, leur tenue, leur grand style, tes lettres m'ont mis à très rude épreuve. Chaque fois, j'ai souffert mille morts pour te répondre. Je ne campais pas sur mes certitudes, je ne cherchais pas à te damer le pion, je voulais, avant toute chose, être à la hauteur. J'ignore si j'y suis parvenu. Mais je te suis infiniment reconnaissant de l'exténuante contrainte que tu m'as imposée.

Ma conclusion cependant sera mélancolique : j'ai eu un coup au cœur en apprenant, à la toute fin de ta dernière missive, que certains de tes proches considéraient notre entreprise comme un *salto mortale* pour toi. Je ne crois pas connaître ces proches, mais je te connais, toi, et je n'imagine pas que tu sois entourée d'idéologues vindicatifs et sommaires. Tu sais choisir ta compagnie. Que je sois, pour ses membres, l'antagoniste, qu'ils pensent que tu prends un risque en dialoguant avec moi, cela me bouleverse. Je n'arrive pas à croire que nous en soyons là. Mon frêle espoir, au cas où ces amis affolés liraient notre conversation épistolaire, ce n'est pas qu'ils me donnent raison, ce n'est pas non plus qu'ils me jugent finalement présentable et caressent, réconciliés, ma belle patte blanche, c'est que l'inquiétude qui m'habite ait cessé de faire de moi, à leurs yeux, un personnage compromettant. Je n'aurais plus, sinon, qu'à mettre la clé sous la porte.

Alain

Cet ouvrage a été composé
par PCA à Rezé (Loire-Atlantique)
et achevé d'imprimer en France
par CPI Bussière
à Saint-Amand-Montrond (Cher)
pour le compte des Éditions Stock
21, rue du Montparnasse, 75006 Paris
en décembre 2017

Imprimé en France

Dépôt légal : décembre 2017
N° d'édition : 03 – N° d'impression : 3034275
61-07-4153/7